Ungeduld ist der Tod
jedes Erfolges

Mein aufrichtiger Dank gilt

Gisela Nehrbaß

Ohne ihre Beteiligung und Motivation,
wäre dieses Buch nicht entstanden

Nicole Wendschuh

Für die Satz- und Covergestaltung

Ernst Crameri

Ungeduld ist der Tod jedes Erfolges

Mit Geduld geht es viel leichter und schneller

Mit großer Bravour ans Werk gehen

Bibliografische Information der Deutschen Nationalbibliothek
Die Deutsche Nationalbibliothek verzeichnet diese Publikation
in der Deutschen Nationalbibliografie; detaillierte bibliografische Daten sind im
Internet über http://dnb.d-nb.de abrufbar

Crameri-Naturkosmetik GmbH Beauty&Wellness
1. Auflage
Druck in Deutschland

ISBN: 978-3-86689-026-8

FSC
www.fsc.org
MIX
Papier aus verantwortungsvollen Quellen
Paper from responsible sources
FSC® C105338

Inhaltsverzeichnis

Vorwort

Liebe Leser,

es ist mir eine ganz besondere Freude, Sie persönlich begrüßen zu dürfen. Welch ein wundervolles Gefühl, dass Sie hier sind und mein Buch in der Hand halten.

Während vieler Wochen, Monate und sogar Jahre habe ich umfassenden Stoff für dieses Werk gesammelt. Eines habe ich in den Jahren und Jahrzehnten immer wieder feststellen dürfen

„Ungeduld ist der Tod jedes Erfolges!"

Im Grunde genommen eine schreckliche Erkenntnis und alles andere als erbauend. Ja, so läuft es leider ab, und der Mensch ist erstaunt, dass er in seinem Leben nicht deutlich weiter kommt. Da er in der Regel immer zu viel Ungeduld an den Tag legt und dann auch bereit ist, schnell aufzugeben.

Aber wer aufgibt, der kann niemals gewinnen, das ist der berühmte Teufelskreis, aus dem es nahezu kein Entrinnen mehr gibt. Das ist so schade und traurig, wie viele wundervolle Dinge können mit einer solchen Einstellung leider gar nicht erst entstehen.

Ich bin mir sicher, dass auch Sie unter dieser Last zu leiden haben. Wenn ich das die Menschen spontan frage, gibt es immer drei Gruppen. Die Ersten geben es sofort zu, die zweite Gruppe verneint es und die dritte ist sich da nicht schlüssig.

Das Buch dient dazu, sich hier endlich Klarheit zu verschaffen und den Durchblick zu haben. Es ist immens wichtig, dass Sie immer genau wissen, was gerade vonstattengeht und mit Ihnen passiert. Nur wenn Sie sich diesbezüglich auskennen, haben Sie die Chance, sofort gegenzusteuern und es nicht erst zu zulassen.

Wir müssen endlich Herr über uns selbst sein. Wenn wir das Zepter wieder abgeben und alles den berühmten Zufällen überlassen, haben wir keine Chance, in unserem Leben sehr weit zu kommen.

Gewinne und Erfolge werden niemals durch Aufgeben erzielt, sondern durch Durchhaltevermögen. Die Fähigkeit, auch über einen längeren oder teilweise sogar sehr langen Zeitraum dabeizubleiben und auszuhalten, bis der Sieg da ist. Zu feiern und dann gleich auf dem Weg zum nächsthöheren Ziel weiter zu machen.

Das Leben ist in jeder Hinsicht Fülle, es liegt an uns, darauf zu achten, dass wir ein Teil dieser Fülle sind. Wir uns ihr anschließen und mit aller Intensität des Lebens erfreuen. Das ist die schönste Aufgabe, der wir uns hingeben können.

Nur wir alleine entscheiden, ob wir ein Teil des Großen und Ganzen sind. Ob wir uns zu den Erfolgreichen zählen können oder nicht. Das Leben ist viel zu kostbar, zu wundervoll, um sich mit dem Durchschnitt zu beschäftigen und damit zufrieden zu sein.

Zufriedenheit hat für mich immer auch einen kleinen Beigeschmack. Etwa nach dem Prinzip von „Ruhe in Frieden“ und das ist eindeutig zu früh. Wenn wir dagegen sagen „Das macht mich sehr glücklich, ich bin dankbar dafür“ ist dies eine total andere Ausgangsbasis.

Wer aber zufrieden ist, der ist sehr schnell auch gesättigt. Und dann passiert fast nichts mehr, als ob die Welt stehen bleiben würde. Das tut sie aber nicht, sie dreht sich jeden Tag und damit auch jeder von uns. Jetzt haben wir genau zwei Chancen, entweder wir gehen mit der Zeit, oder wir gehen mit der heutigen Zeit. Was wollen Sie lieber? Machen Sie sich bitte darüber ernsthaft Gedanken.

Ich für meinen Teil habe mich dafür entschieden, mit der Zeit zu gehen und das Leben in vollen Zügen zu genießen. Das ist für mich wichtig und spannend. Es gibt für mich nichts Schöneres und darum lebe ich jeden Tag aufs Neue danach.

In diesem Sinne wünsche ich Ihnen ganz viel Spaß und Lebensfreude bei der Umsetzung, der vielen Tipps in diesem Buch. Warten Sie nicht mehr, warten Sie keine Sekunde und stürzen Sie sich voll und ganz in das wundervolle Abenteuer Leben. Es ist Ihres und damit haben Sie Anspruch auf ein wundervolles Dasein.

Alles Liebe und Gute

Ihr Ernst Crameri

Dankesworte

Ein Buch wie dieses entsteht nicht aus dem Nichts. Es erfordert viel Zeit und Muße, verbunden mit der Ruhe, sich hinzusetzen und einen Buchstaben nach dem anderen aneinanderzureihen. Damit das alles gut funktioniert, braucht man ein überaus intaktes Umfeld, welches dieses Vorgehen ermöglicht.

An dieser Stelle bedanke ich mich ganz besonders und in tiefer Anerkennung bei Gisela Nehrbaß, die mich jetzt schon seit fast 31 Jahren begleitet. Sie ist stets mit Rat und Tat an meiner Seite und beschäftigt sich als Geschäftsführerin mit allen Belangen. Dadurch hält sie mir den Rücken für meine große Leidenschaft, das Schreiben frei. Hierbei achtet sie darauf, dass alles läuft, führt das gesamte Team, den Bereich der Naturkosmetik-Produkte, die Seminare und das Management der Coachings. In unendlicher Dankbarkeit für all ihre Leistungen, wünsche ich jedem Unternehmer einen solch wunderbaren Menschen an seiner Seite, auf den man sich wirklich blind verlassen kann.

Mein Respekt und Dank gilt auch den anderen Mitarbeitern, die täglich engagiert ihre Arbeit verrichten. Darauf achten, dass es im Büro funktioniert und die Internetseiten präsent sind. All unsere Mitarbeiter, ob fest angestellt oder Freelancer, tragen zum Großen und Ganzen bei. Ein wundervolles Team, auf welches ich mich verlassen kann. Es gibt in der Tat nichts Schöneres, als Menschen, mit denen über viele Jahre und Jahrzehnte eine Freundschaft entstanden ist.

Bedanken möchte ich mich auch bei meinen Eltern, die mich auf ihre besondere Art und Weise großgezogen haben. Die immer für mich da waren und mich aber auch oft an meine Grenzen gebracht haben. Sie waren, und meine Mutter ist heute noch eine Inspiration für mich, Dinge auch mal anders zu machen. Neue Wege zu beschreiten, und dann felsenfest durchzuhalten.

Ein großes Dankeschön auch an die Menschen, denen ich täglich begegne. Ich darf von jedem Einzelnen unendlich viel lernen und dies hilft mir, noch intensiver die Zusammenhänge zu verstehen und die Erkenntnisse dann auch umsetzen zu können.

Wie lese ich mit größtmöglichem Erfolg ein Buch

Es gibt wie bei allem im Leben verschiedene Arten, ein Buch zu lesen. Ich bin der Meinung, wenn wir uns schon die Zeit nehmen, sollten wir es richtig machen. Dies heißt, das was wir lesen, merken und festhalten. Denn nichts ist so schnell vergessen, wie die Meldung von gestern. Ich bin mir ganz sicher, Sie kennen das auch aus Ihrem Leben. Wir leben in solch einem rasanten Zeitalter, dass man manchmal gar nicht rasch genug schauen kann. Also machen wir es mit der entsprechenden Nachhaltigkeit. Denn nur diese bringt es letztlich auf den Punkt. Sie bringt uns voran und dann können wir uns wohlfühlen oder nicht.

Lesen Sie immer nur eine halbe Seite

Dann halten Sie inne und denken darüber nach, was Sie gerade gelesen haben. Was hat Sie beeindruckt, was hinterlässt es in Ihnen, was beschäftigt Sie? Was würden Sie gerne davon mitnehmen und in Ihrem Leben umsetzen? Dann schreiben Sie sich diesen Merksatz oben in das weiße Feld. Sie fahren mit der unteren Hälfte fort. Hier machen Sie bitte genau das Gleiche, schreiben Sie auch da Ihren Merksatz auf, dieses Mal in das untere weiße Feld, gleich neben der Seitenzahl. So fahren Sie Seite für Seite fort.

Am Ende eines Kapitels schreiben Sie die Quintessenz auf

Das ist der wunderschöne Akt, ich nenne es auch die sogenannte Vermählung. Nun schauen Sie sich auf jeder Seite Ihre Merksätze an, und suchen sich die fünf wichtigsten Sätze heraus. Diese halten Sie am Ende des Kapitels fest. Auf diese Weise haben Sie auf einen Blick, die für Sie relevanten Daten. So fahren Sie Kapitel für Kapitel fort, bis Sie am Ende des Buches angelangt sind.

Vielleicht kommt Ihnen das jetzt alles komisch vor

Das ist völlig normal und nichts Außergewöhnliches. Alles, was wir nicht kennen, finden wir am Anfang komisch und müssen uns erstmals an die neue Situation gewöhnen. Je öfters wir es tun, umso mehr wird es zur Selbstverständlichkeit. Als ob wir noch nie etwas anderes getan hätten. So einfach baut sich das aufeinander auf. Stück für Stück geht es immer weiter. Das genau ist die hohe Kunst, aus dem alten Dilemma heraus zu kommen. Aus der berühmten Komfortzone, in der wir uns gerne aufhalten. Denn dort ist es ja gemütlich, da kennen wir uns aus und möchten nichts mehr anderes tun als das, was wir kennen. Das Problem hierbei ist aber, dieses Verhalten führt uns nicht viel weiter. Im Gegenteil, es lässt uns in der alten Welt zurück und das ist sehr unbefriedigend.

Am Ende des Buches wiederum die Quintessenz

Dies ist das absolute Highlight, am Ende des Buches fassen Sie aus allen Kapiteln, die für Sie fünf wichtigsten Merksätze zusammen. Nehmen Sie am besten ein Blatt Papier oder Ihren Rechner und schreiben alles auf. Jeden einzelnen Merksatz, dann fangen Sie an diese durchzustreichen, welche Ihnen nicht behagen. Das machen Sie so lange, bis Sie nur noch Ihre fünf Sätze übrig haben. Das ist eine wundervolle Art und Weise, zügig voranzukommen.

Schreiben Sie nach jedem Kapitel kleine Karteikärtchen

Es nützt nichts, wenn wir es nur aufgeschrieben haben. Wir wollen damit auch arbeiten, es in unser Leben implementieren, sodass wir es immer bei uns haben. Schreiben Sie nach jedem Kapitel Ihre fünf Merksätze auf. Punkt für Punkt, und dann führen Sie die Karteikarte stets bei sich. Sie können dann jederzeit diese Karte zücken und den Text, wenn möglich, laut vorlesen. Sofern Sie dies konsequent machen, kommen Sie pro Tag auf mindestens 50 Wiederholungen. Was glauben Sie, was sich dadurch für Sie alles ändert? Gigantisch viel und es schießt Sie in eine neue Welt hinein.

„Permanente Wiederholung schafft Wirklichkeit!"

Denken Sie bitte immer daran, nur wenn Sie permanent in die Wiederholung gehen, erschaffen Sie sich Ihre neue Welt. So viele Menschen sind der Meinung, einmal gelesen oder gehört reicht für alle ewigen Zeiten aus. Das ist natürlich ein riesengroßer Unsinn, dem wir uns da hingeben. Das sollten Sie bitte niemals mehr tun, gehen Sie immer wie Vollprofis vor.

Arbeiten Sie mit Postern

Nehmen Sie die fünf Merksätze und schreiben oder malen Sie diese auf große Poster. Die hängen Sie überall in der Wohnung und wenn möglich auch im Büro auf. Das tut Ihnen sehr gut, wenn Sie daran vorbeilaufen und sich stets erinnern können, wie wichtig es doch ist. Dann bleiben Sie kurz davor stehen und lesen es laut vor. Dieses Innehalten, das Lesen und das Hören schaffen eine wundervolle Vertiefung des Ganzen. Eines Tages werden Sie sich entdecken und erstaunt sein, was schon alles in Ihnen vorhanden ist.

Was möchten Sie mit dem Buch erreichen

Das ist die stets aufs Neue entscheidende Frage. Was will ich mit dem, was ich gerade tue, erreichen? Stellen Sie sich diese Frage bitte immer wieder. Denn sie hilft Ihnen, in Ihrem Leben weiterzukommen. Manchmal ist es nicht leicht, die Antwort herauszukristallisieren. Je mehr wir uns aber mit dem Thema beschäftigen, desto leichter geht es. Fragen Sie sich immer nach dem berühmten „Warum." Warum mache ich das, was bringt es mir und was bringt es anderen Menschen? Wohin soll das führen und was haben wir alle davon?

Warum, die Fragestellung kennen Sie doch

Ja natürlich, damals als Sie noch klein waren, haben Sie Ihre Eltern damit fast bis zur totalen Verzweiflung mit dieser Fragerei getrieben. Kommt Ihnen das bekannt vor? Ganz bestimmt, wenn nicht, fragen Sie Ihre Eltern. Oder beobachten Sie bitte einfach kleine Kinder. Es ist immer wieder dieselbe Frage, die sie unaufhörlich stellen.

Warum, warum und nochmals warum. Kaum ist die eine Frage beantwortet, geht es schon unverzüglich wieder mit dem nächsten „Warum" los. Es ist buchstäblich die unendliche Story, die die Kleinen hier an den Tag legen. Nehmen Sie diese Frage bitte wieder in Ihr Leben auf. Wenn Sie das „Warum" kennen, kennen Sie bereits alles.

„Ich weiß nicht" gilt nicht

Denken Sie bitte daran, der Satz „Ich weiß nicht" gilt nicht als Erwachsener. Sie wissen es sehr wohl, Ihnen ist schon klar, was Sie wirklich wollen und was nicht. Ist das nicht wundervoll? Ich liebe es so sehr, mich mit mir selbst zu befassen. Jeden Tag tue ich das permanent aufs Neue und dann geht es zum nächsten „Warum." Das möchte ich Ihnen ans Herz legen, dass Sie es genauso tun. Dadurch schaffen Sie sich eine wundervolle Freiheit. Sie sind ein Macher, sind auf dem richtigen Weg und den verfolgen Sie ohne Wenn und Aber. Tief in Ihrem Inneren wissen Sie genau, was Sie wirklich wollen und was nicht.

Je klarer Ihr Ziele sind, desto leichter tun Sie sich

Das Schlimmste ist, wenn man unterwegs ist und nicht haargenau weiß, wohin die Reise gehen soll. Das ist unangenehm und nervt. Da gibt es die schöne Aussage „Sie verloren ihr Ziel aus den Augen und verdoppelten ihre Anstrengungen." Da dürfen Sie niemals hinkommen. Das ist ungesund und davon müssen Sie sich trennen. Bleiben Sie bei sich, denn da geht es Ihnen sehr gut.

„Erfolgreiche Menschen kennen ihren Reiseweg und lassen sich durch nichts von ihm abbringen!"

Ernst Crameri

Überprüfen Sie bitte, ob Sie damit konform gehen, dies auch für Ihr Leben zutrifft und Sie darauf aufbauen können? Ich wünsche Ihnen das sehr, denn glauben Sie mir, ab dem Moment, in dem Sie dies für sich entdeckt haben, läuft es wie von selbst. Gibt es etwas Großartigeres? Ich glaube nicht, und darum sollten Sie stets dranbleiben. Nur wer dranbleibt, schafft sich den persönlichen Erfolg.

Ich lese halt mal

Das habe ich schon oft gehört und muss dann schmunzeln. Alleine das Wort „halt" finde ich sensationell. Nein natürlich nicht, ich finde es dumm, solch einen Unsinn zu erzählen. Dies sollten Sie sich bitte schenken, machen Sie nicht einfach etwas „halt" nur so. Es ist nicht gut, wenn Sie auf diese Weise durch die Welt marschieren. Ihnen ist doch völlig klar, dass jedes Verhalten, welches Sie an den Tag legen, auch eine Reaktion hervorruft.

„Erfolgreiche arbeiten immer im vollen Bewusstsein des Ursache- und Wirkungsprinzips!"

Ernst Crameri

Erfolgreiche beachten dieses Erfolgsgesetz stets, denn sie wissen eines, alles was sie verursachen, hat auch eine Gegenwirkung. Von nichts kommt nichts, das ist ihnen sicherlich bekannt. Wenn es Ihnen ab heute auch bewusst ist, leben Sie sofort total anders. Sie sind niemals mehr von irgendwelchen Dingen überrascht, die plötzlich in Ihr Leben eintreten. Nach dem Motto „Wieso immer ich, ich habe doch keinem Menschen etwas zuleide getan?" Wie nett, finden Sie nicht auch? Ja, niemandem etwas zuleide getan außer sich selbst, reicht das nicht aus? Das ist doch der absolute Wahnsinn, solch ein Verhalten.

Menschen, die wissen was sie wollen, tun sich viel leichter

Es ist wichtig, das zu wissen und damit zu leben. Fangen Sie heute noch an, sich ernsthafte Gedanken über Ihr Leben zu machen und wohin Ihre Reise gehen soll. Es ist spannend, dies zu wissen und danach zu leben. Für mich gibt es nichts Gigantischeres. Ich bin so froh, dass bei mir die Zeit des Suchens und nicht klar Kommens vorbei ist. Wenn man so unterwegs ist, gibt es unendliche Kraft. Das Leben ist ein wahrer Traum für den, der es hundertprozentig lebt. Aber ein Horror für all die Menschen, die nicht wissen, wohin ihre Reise gehen soll. Die ewig Suchenden, die herumirren und nie ankommen.

Jetzt sind Sie wieder an der Reihe

Ich möchte, dass Sie sich immer öfters festlegen, denn nur wenn man sich festlegt, hat man den nötigen Antrieb, endlich voranzukommen und viel zu bewegen. Wenn Sie das nicht machen, drehen Sie sich nur im Kreis und das ist unendlich schade. Ist es das, was Sie in Ihrem Leben möchten? Ich kann es mir nicht vorstellen und darum gehen Sie bitte den Königsweg. Sie fühlen sich viel wohler, glücklicher und finden dadurch zu sich. Das haben Sie sich doch verdient, meinen Sie nicht auch? Ich bin mir sicher und darum legen Sie sich jetzt bitte gleich fest. Schreiben Sie auf, was Sie mit dem Buch erreichen wollen, aus welchem Grund Sie es gekauft haben.

Wenn Sie gerade keine Lust dazu verspüren, nach dem Prinzip „Komm, ich mache das lieber morgen" sollten Sie dieses Gefühl sofort unterbinden. Jetzt erst recht, denn wenn Sie diesem Gefühl nachgeben, haben Sie verloren. So schnell können Sie nicht schauen, wie Sie abrutschen. Denn Sie wissen doch selbst, was Sie heute nicht erledigen, werden Sie auch morgen nicht tun. Dieses Phänomen haben Sie doch bereits häufig erlebt, also wieso wollen Sie sich dem erneut aussetzen?

Das machen doch nur Narren, und die sind dann erstaunt, dass sie nicht vom Fleck kommen. Sie sind da anders gestrickt, wissen, dass nur der vorankommt, der die anstehenden Aufgaben erfüllt. Immer im Hier und Jetzt und natürlich sofort. Es gibt überhaupt keinen Grund zu warten. Also, los geht es, und bitte nicht lange überlegen, sondern sofort schreiben. Der erste oder die ersten Gedanken sind ohnehin die besten.

Was möchte ich erreichen?	**Wieso?**	**Bis wann?**
1.) ______________________	________________	__________
2.) ______________________	________________	__________
3.) ______________________	________________	__________
4.) ______________________	________________	__________
5.) ______________________	________________	__________

6.) ______________________ ____________________ ____________

7.) ______________________ ____________________ ____________

8.) ______________________ ____________________ ____________

9.) ______________________ ____________________ ____________

10.) ______________________ ____________________ ____________

Wie ist es jetzt für Sie, wenn Sie Ihr Meisterwerk anschauen? Ich hoffe, dass Sie eine große Dankbarkeit sich selbst gegenüber wahrnehmen, weil Sie es gemacht und nicht auf morgen oder einen anderen Zeitpunkt verschoben haben. Sie sind ein Macher und das ist nicht nur ein Blabla, ich meine das ernst und bin auch sehr stolz auf Sie.

Spüren Sie bereits einen anderen Spirit? Das ist wichtig, zu spüren, dass gleich viel passieren wird. Für mich ist es das Größte, was es gibt. Denn das Warten ist von Übel und tut nicht gut. Stets die Reise zu kennen, tut gut, auch wenn mal Schwierigkeiten im Weg stehen. Wir umrunden diese und gehen gezielt weiter. Wenn Du aber nicht weißt, für was Du etwas tust, gibst Du bei der ersten Schwierigkeit auf. Sie haben zehn Positionen aufgeschrieben.

Ich weiß, die meisten verstehen es am Anfang nicht, wieso gerade zehn. Ganz einfach, zehn ist eine magische Zahl, auf der man aufbauen kann. Wenn Sie zehn Ziele haben, können Sie auch aussuchen und die Zahl herunterbrechen. Wir gewöhnen uns dadurch an das große Denken. Es ist wichtig, dass wir den berühmten Kleingeist hinter uns lassen. Denn wer Großes bewegen will, Erfolg in seinem Leben haben möchte, muss Großes tun. Nun reduzieren Sie es auf Ihre drei Hauptpunkte.

Was möchte ich erreichen?	**Wieso?**	**Bis wann?**
1.) ____________________	________________	__________
2.) ____________________	________________	__________
3.) ____________________	________________	__________

Wie ist es jetzt für Sie? Vielleicht ist es ungewohnt, dass ich Sie immer nach Ihrem Wohlbefinden frage. Wir haben das häufig verlernt oder nie erleben dürfen. Es ist wichtig, dass wir nach unserem Wohlbefinden schauen. Nur wenn es uns sehr gut geht, sind wir zu Höchstleistungen imstande. Ich liebe es, unter Höchstleistung zu leben und dann in die Entspannung zu gehen. Diesen Wechsel erleben zu dürfen, ist ein Traum. Das tut super gut und gibt unendliche Kraft für den eigenen Lebensweg. Im Wort „erreichen" ist klar das Wort „reich" enthalten. Es macht so viel Freude, im Erreichen zu leben und nicht im Versagen.

„Erfolgreiche Menschen wissen, dass Reichtum ihr Geburtsrecht ist, und fordern es daher auch täglich ein!"

Ernst Crameri

Gehören Sie auch zu dieser Gruppe, ich hoffe sehr, dass Sie sich dafür entscheiden. Reichtum ist kein Geschenk des Himmels, wie oft angenommen wird, er ergibt sich aus der eigenen Schaffenskraft. Ich wünsche mir, Sie können sich mit dem Gedanken vermählen und daraus eine Meisterleistung an den Tag legen. Wenn Sie es nicht machen, wer soll es dann tun? Sie sind verantwortlich, dass etwas in Ihrem Leben passiert und die Dinge so werden, wie sie sein sollen. Dafür braucht es aber Geduld.

Was möchte ich erreichen?	**Wieso?**	**Bis wann?**
1.) ____________________	________________	__________

Wow, Sie haben es erreicht und die erste Aufgabe mit Bravour abgeschlossen. Halten Sie am Ende solcher Aufgaben immer kurz inne und reflektieren Sie. Verankern Sie tief in Ihrem Inneren Ihre daraus entstandenen Erkenntnisse, denn diese tun Ihnen sehr gut und geben Ihnen für alles die nötige Kraft. Nur wer kraftvoll unterwegs ist, wird auch an sein Ziel kommen, darum geht es doch.

Ihr Fazit: ____

Wieso sind Sie so ungeduldig

Haben Sie sich auch schon gefragt, wieso das immer wieder passiert? Es ist ungesund und unsinnig, denn damit setzt man sich nur selbst unnötig unter Stress. Man möchte, dass es viel schneller geht, und es tut sich nichts oder nur wenig. Wie kann man nur so unterwegs sein, wo soll das hinführen? Wenn Sie nicht anfangen, sich in Geduld zu üben, besteht die Gefahr, dass Sie am liebsten alles hinschmeißen würden. Sobald Sie das aber tun, werden Sie in Ihrem Leben nie richtig vorankommen.

Ich weiß es und trotzdem erwischte es mich immer wieder

Wie verrückt ist denn das? Ich weiß als Erfolgstrainer und -coach explizit, dass es so nicht geht. Man sich meistens in unendlicher Geduld üben muss und dann irgendwann die Saat aufgehen wird. Geduld, Geduld und nochmals Geduld ist da gefragt. Nicht aufgeben, denn sonst wäre alles, was Sie bisher getan haben, weg und verloren. Und das wollen wir uns auf gar keinen Fall leisten.

Sieg oder Niederlage sind so eng beieinander

Darüber sollten Sie sich im Klaren sein. Es ist oft nur ein Hauch eines Momentes, in dem wir in der Schwebe sind, und die Gefahr, dass wir uns dann falsch entscheiden, ist riesig groß. Darum passen Sie gut auf sich auf, damit Sie da nie mehr hineingeraten. Das tut Ihnen nicht gut, denn wie oft haben Sie in Ihrem Leben schon aufgegeben? Immer wieder oder? Was hatten Sie davon? Hat es Sie in Ihrem Leben weiter gebracht? Ganz bestimmt nicht, es hat nur permanent alles wieder zerstört und genau aus diesem Dilemma müssen Sie für alle Zeiten herauskommen. Da dürfen Sie nie mehr hineingeraten, darum müssen Sie aufpassen. Wenn Sie nicht aufpassen, dann nimmt die Macht der Gewohnheit erneut überhand und das war es dann.

Es ist tief in uns drinnen vergraben

Ich erschrecke selbst immer wieder, wie tief das in uns vergraben ist. Unendlich tief und es ist grausam, wenn man da genauer hinschaut. Wie kommt man nur in solch ein Dilemma hinein? Das geht rasend schnell. Diese dumme Botschaft „Höre doch einfach auf“ kommt alle paar Tage wieder hoch. Weil ich mich frage, warum es so langsam geht. Auf der anderen Seite weiß ich, dass dies ein Teil unseres Lebens ist. Nur wenn ich wirklich dran bleibe und es aushalte, kann ich gewinnen. Oft ist der Weg sehr mühsam und geht über viele Jahre hinweg. Bis es endlich passt und wir angekommen sind. Dann geht bereits schon wieder das Nächste los. Also ist es tatsächlich die berühmte NeverEnding Story, in der wir permanent leben.

Woher kommt diese Ungeduld

Der Frage gehen wir nun explizit nach und achten darauf, dass wir alles genauestens analysieren. Wie heißt es doch treffend im Volksmund „Gefahr erkannt - Gefahr gebannt!“ So simpel ist das Spiel und je schneller wir das begreifen, desto leichter und besser kommen wir voran. Wir müssen die Situation haargenau analysieren, damit wir sie in den Griff bekommen. Sonst rutschen wir immer wieder ab und dürfen dann feststellen, dass wir uns schon wieder selbst ein Grab geschaufelt haben, in dieses wir mit dem Kopf voran hineinfallen. Brauchen wir das wirklich? Ich glaube nicht und darum lassen wir es einfach.

Schreiben Sie jetzt bitte auf, wieso Sie so ungeduldig sind

Woher haben Sie das, wie oft haben Sie es schon praktiziert? Im schlimmsten Fall gewöhnt man sich immer mehr an das Aufgeben. Es wird zum festen Bestandteil des Lebens. Das dürfen wir niemals zulassen, müssen uns komplett davon abwenden. Denn sonst zieht es uns immer stärker in das Dilemma hinein. Achten Sie bitte auf sich und schreiben Sie jetzt jeden einzelnen Punkt auf, wieso es so bei Ihnen ist.

Erspüren und ergründen Sie bitte Ihre Ungeduld. Wenn Sie das tun, dann bekommen Sie diese auch in den Griff. So heißt es in die Schriftlichkeit zu gehen und sich daran zu erfreuen. Auch wenn Sie jetzt gerade womöglich keine große Lust dazu verspüren.

Meine Ungeduld kommt?	Warum?	Seit wann?
1.) ____________	____________	________
2.) ____________	____________	________
3.) ____________	____________	________
4.) ____________	____________	________
5.) ____________	____________	________
6.) ____________	____________	________
7.) ____________	____________	________
8.) ____________	____________	________
9.) ____________	____________	________
10.) ____________	____________	________

Wie ist es jetzt für Sie, wenn Sie Ihre zehn Punkte anschauen? Das Ganze wird bereits klarer, ist nicht mehr so nebulös. Sich Klarheit zu verschaffen, ist immens wichtig, denn das hilft Ihnen auf Ihrem Lebensweg. Spüren Sie bereits eine kleine Veränderung? Ich finde es klasse, dass Sie alle zehn Punkte ausgefüllt haben. Nun reduzieren wir das Ganze auf drei Punkte.

Meine Ungeduld kommt?	Warum?	Seit wann?
1.) ____________	____________	____________
2.) ____________	____________	____________
3.) ____________	____________	____________

Wie ist es jetzt für Sie, was empfinden Sie, nach dem Sie es auf drei Punkte reduziert haben? Vielleicht ist es für Sie etwas ungewohnt, dass ich Sie immer nach Ihrem Wohlbefinden frage. Aber das ist wichtig, denn wenn Sie sich wohlfühlen, geht Ihnen alles viel leichter von der Hand, Sie sind dadurch im Flow, das heißt, in der Leichtigkeit des Seins. Nachfolgend der wichtigste Punkt, wieso Sie diese Ungeduld in sich verspüren und seit wann.

Meine Ungeduld kommt?	Warum?	Seit wann?
1.) ____________	____________	____________

Herzlichen Glückwunsch, Sie haben die Aufgabe mit Bravour gemeistert. Ich bin sehr stolz auf Sie und Sie können auch unendlich stolz auf sich sein. Was ist Ihr Fazit aus diesem Kapitel und was werden Sie tun?

Ihr Fazit: ______________________________

Loslassen ist das Thema

Das möchte ich Ihnen ans Herz legen, dass Sie loslassen können und müssen. Es gibt wenige „Muss" das ist aber eines davon. Denn wenn Sie nicht loslassen, gelingt nichts. Auch wenn es manchmal schwerfällt, tun Sie es dennoch permanent wieder. Wer loslässt, gewinnt, denn er hat dadurch den nötigen Abstand zu allem geschaffen. Wenn wir nicht bereit sind loszulassen, sind wir viel zu nahe dran. Das ist oft zu eng, es stresst unnötig und macht total unfrei. Im Wort „loslassen" ist ganz klar „lassen" enthalten. Lassen Sie es sein und es wird alles gut.

Loslassen will geübt sein

Da wir uns lieber in Ungeduld üben, sind wir es nicht gewohnt, loszulassen. Damit für uns selbst innere Ruhe zu finden und auch für die Mitmenschen. Nur wer Ruhe ausstrahlt, schafft es auch und gelangt zu großem Erfolg. Es ist das, was wir unbedingt brauchen. Gewöhnen Sie sich daran und Ihnen geht es ab sofort viel besser. Wir können dann wirklich sagen „Es geht mir von Tag zu Tag immer besser und besser!" Wie traumhaft ist denn das? Ich liebe dies so sehr und je mehr ich damit arbeite, desto stärker komme ich in das Thema hinein. Nur über eines müssen wir uns im Klaren sein, wenn wir es nicht üben und immer wieder tun, wird es nichts.

Wir sind sogenannte Gewohnheitstiere

Es ist einfach so, was wir schon immer gemacht haben, hat sich tief eingeprägt und wird von Tag zu Tag noch stärker vertieft. Wenn wir da nicht aufpassen, kommen wir nicht mehr aus der Spirale heraus. Deswegen heißt es für uns, heraus aus dem alten Dilemma. Hinein in die neue und großartige Welt der Veränderung. Sie bringt am Anfang natürlich Unsicherheit mit sich, denn wir sind es noch nicht gewohnt. Es kommt uns komisch vor, wir haben teilweise sogar Angst. Diese gilt es jedoch zu überwinden, damit wir große Freude und dadurch eine viel bessere Lebensqualität erreichen können.

Wer nicht loslässt, verliert eines Tages alles

Führen Sie sich das bitte immer wieder vor Augen. Es wird der Tag kommen, an dem Sie alles loslassen müssen, Sie werden keine Chance haben. Eines Tages ist es aus und vorbei, das ist kein sehr schönes und glückliches Gefühl, was da plötzlich zum Vorschein kommt. Lieber immer freiwillig und damit alles im Griff haben, als den Tag kommen zu lassen, an dem dann plötzlich nichts mehr geht. Schauen wir uns die Bereiche an, welche da entstehen.

- Kinder
- Eltern
- Beruf
- Gesundheit
- Partner
- Freunde
- Kollegen
- Hobbys

Natürlich gibt es noch weitere Beispiele, mir geht es nur darum, Ihnen einige aufzuführen, damit Sie bereits arbeiten können. Wer das Prinzip verstanden hat, kann weiter darauf aufbauen und es für viele weitere Einheiten des Lebens verwenden. Ich liebe es, so zu arbeiten und damit viel zu erreichen. Es ist das Schönste in unserem Leben, wenn wir taff unterwegs sind. Das Schlimmste, was ein Mensch überhaupt nur für sich erreichen kann, ist die berühmte Unwissenheit. Wenn ich unwissend unterwegs bin, bin ich schnell der Spielball von Mächten, die ich nicht im Griff habe und darauf habe ich keine Lust. Schauen wir uns die einzelnen Positionen nachfolgend im Detail an.

Kinder
Sie sind ein Geschenk Gottes, wie es so schön heißt. Sie sind klein, wir ziehen sie buchstäblich groß und dann kommt der Tag, an dem sie gehen. Der ist in der Regel für Mütter ganz schrecklich und schlimm. Denn sie haben nichts mehr unter Kontrolle, es ist buchstäblich außerhalb ihres Kontrollbereiches. Sie müssen die Kinder förmlich loslassen, haben keinen Einfluss mehr. Viele Mütter zerbrechen fast daran, sie werden mit der Situation kaum fertig. Für Väter stellt es sich meist ein wenig leichter dar. Denn durch die häufigere Abwesenheit von zu Hause, haben sie natürlich in der Regel auch nicht die enge Bindung wie die Mutter.

Manche Mütter lassen ihre Kinder nie los. Vor allem die Töchter werden eng an sich gebunden, dass es für diese oft kein Entrinnen gibt. Das habe ich schon oft erleben dürfen, fatal, fatal, kann ich dazu nur sagen. Das ist schade, denn es behindert beide in ihrer Entwicklung. Oft folgt dann auch noch der Satz „Wir sind wie zwei Freundinnen!" Das ist doch Unsinn, der meistens auf Kosten der Tochter geht, und das ist alles andere als gut. Töchter müssen sich abnabeln, das heißt natürlich nicht, dass man sich nicht lieb hat. Nur diese engmaschige Liebe, die den Töchtern oft keine Luft mehr zum Atmen lässt, ist sehr negativ.

Damit Kinder gut gedeihen und zu selbstständigen Wesen herangezogen werden, muss man sie auch stärken, und das schafft man nur, in dem man sie loslässt. Sie buchstäblich in die berühmte Freiheit entlässt. Das ist wirklich wichtig, denn nur über die Freiheit können sie sich zu rechtschaffenden Menschen entwickeln, sich im Leben selbst vorstehen und ihrerseits eine Meisterleistung an den Tag legen. Alles spannende Aspekte, wenn man darum weiß und sich danach richtet. Man muss als Eltern die Größe haben, so mit seinen Kindern umzugehen. Wenn die Eltern es nicht schaffen, obliegt es den Kindern, einen deutlichen Schnitt zu machen und sich abzunabeln. Auch hier dann den Eltern klare

Grenzen aufzuzeigen, damit sie diese nicht immer wieder überschreiten. Es ist natürlich ein Prozess für beide, bei dem die Kinder und die Eltern nur gewinnen können, wenn man entsprechend vorgeht.

Eltern

Im Gegenzug ist es die Aufgabe der Kinder, die Eltern loszulassen und sie in Frieden ihren Weg gehen zu lassen. Wie oft erlebe ich es, dass die Kinder massiv versuchen, die Eltern förmlich zu bevormunden. Das ist kein sehr schöner Zug und man sollte dies tunlichst unterlassen. Dies geziemt sich schlicht und einfach nicht und ist sehr von Übel, wenn ein solches Verhalten den eigenen Eltern gegenüber an den Tag gelegt wird. Hüten Sie sich davor es zu tun, Ihre Eltern haben das Recht auf ein selbstständiges Leben, so wie sie es sich vorstellen. Hier obliegt es nicht Ihnen, den Eltern zu sagen, was diese zu tun oder zu lassen haben.

Achten Sie auch unbedingt darauf, dass Ihr Partner Ihren Eltern mit dem nötigen Respekt begegnet und sich da nicht auch noch einmischt. Das kommt nämlich sehr oft als weitere Problematik hinzu. Ein solches Verhalten ist nicht gut und schafft wiederum in alle Richtungen nur unnötig Stress. Wenn es endlich so wäre, dass jeder den anderen in Ruhe lässt, wie es sich gehört. Im gegenseitigen Respekt, ließe es sich viel besser und schöner leben. Eines Tages werden Sie in der Regel dann sowieso am Grab Ihrer Eltern stehen. Ich darf Ihnen sagen, das ist kein sehr schönes Gefühl.

Spätestens jetzt müssen Sie loslassen und zur Ruhe kommen. Darum empfehle ich Ihnen, bemühen Sie sich lieber zu Lebzeiten, loszulassen und miteinander auszukommen. Sind wir uns doch im Klaren, Ihre Eltern haben Ihnen Ihr Leben geschenkt. Es war mit Ihnen nicht immer leicht, Ihre Eltern haben sicher viele Entbehrungen auf sich genommen. Vergessen Sie das bitte niemals, auch wenn Sie manchmal mit Ihren Eltern hadern. Das ist nicht gut und auch unnötig. Sind Sie Ihren Eltern sehr dankbar für alles, auch wenn diese das eine oder andere nicht so machen, oder gemacht haben, wie Sie es gerne hätten. Setzen Sie sich einfach Grenzen und dann passt es.

Beruf

Wie schaut es mit Ihrem Beruf aus? Das ist die nächste Geschichte, vor allem dann, wenn der Beruf nicht Berufung ist. Genau das sollte er unbedingt sein. Nur wenn Sie hundertprozentig in Ihrer Berufung leben, sind Sie auch zu Höchstleistungen imstande. Ohne diese sind Sie zu schwach unterwegs. Darum achten Sie auf Ihre Performance, damit es für Sie wundervoll wird. Ich denke, das sind Sie sich schuldig. Wenn Sie den richtigen Beruf haben, in dem Sie aufgehen, können Sie alles lockerer angehen. Sie können wesentlich mehr in sich ruhen und das ist auch erforderlich, um stets eine Höchstleistung zu erbringen und in der Ruhe zu bleiben.

Ich kann es jedem nur sehr ans Herz legen, machen Sie Ihr Hobby zum Beruf und dann liegen Sie absolut goldrichtig. Solange aber der eigene Beruf nur zum Geld verdienen ausgeübt wird, ist dies eine relativ unschöne Ausgangsbasis, auf die man sich so nicht richtig einlassen kann und sollte. Hier heißt es für Sie gut aufzupassen, damit Sie nicht abrutschen und dann wie so viele Menschen nur noch am Schimpfen sind. Die meisten Leute sind doch nur noch jammernd und klagend unterwegs.

Da bin ich mir ganz sicher, auch Sie kennen mehr als genug Personen, die genau das tun. Arbeiten, um Kohle zu verdienen, und das war es dann. Das ist nicht gut, Arbeit dient dazu, zu leben und in die Erfüllung zu gehen. Sie sind doch Ihres eigenen Glückes Schmied und das sollten Sie konsequent leben. Ich liebe es sehr, mein Leben in den eigenen Händen zu halten und daraus eine wunderschöne Meisterleistung an den Tag zu legen. Das tut so gut und baut permanent auf. Wir müssen wirklich darauf achten, dass wir hundertprozentig im Flow sind. Das ist der berühmte Moment, in dem wir total Zeit und Raum vergessen können. Wir schauen nach gefühlten Minuten auf die Uhr und sind überrascht, dass schon viele Stunden vorbei sind. Achten Sie unbedingt darauf, in diesen Flow hineinzukommen. Wenn Sie es einmal erlebt haben, möchten Sie wirklich nie mehr etwas anderes erleben wollen. Es ist ein Zustand von Glück, Dankbarkeit und Wohlbefinden. Einfach nur galaktisch, was sich da für Sie auftut. Wie immer im Leben müssen Sie aber dazu bereit sein, sich selbst auf den Weg machen und endlich aus der Hoffnungsfalle bewegen.

Anfangen und dann auch wiederum loslassen, das tut so gut und stärkt Sie. Auch hier dürfen Sie bitte niemals ungeduldig werden, was leider die meisten Menschen sind. Sie machen etwas und sind der Meinung, dass es von selbst weiterlaufen muss. Das ist ein absoluter Trugschluss, denn nichts, aber auch gar nichts läuft von selbst. Sie können es vergessen, sich einer solchen Idee hinzugeben. Machen Sie es bitte niemals, denn Sie stürzen sich damit nur ins Unglück. Fangen Sie an, leben Sie Ihre Träume und dann bleiben Sie konsequent dran. Wissend, was Sie tun, die Saat wird aufgehen. Die große Frage ist aber, wann das der Fall sein wird. In der Regel dauert es viel länger, als man es sich vorgestellt hat und als man möchte.

Gesundheit

Wie schaut es mit Ihrer Gesundheit aus? Haben Sie sich da schon jemals Gedanken gemacht? Viele denken, dass Gesundheit die Abwesenheit von Krankheit ist. Dem dürfen Sie sich niemals aussetzen. Gesundheit heißt, sich voll und ganz wohlzufühlen. In seiner Mitte zu sein und ein rundum glückliches und erfülltes Leben zu leben. Wenn Sie das tun, geht es Ihnen wesentlich besser. Vor Gesundheit nur so zu strotzen, ist die wundervolle Ausgangsbasis, auf der Sie weiter aufbauen können. Über eines dürfen wir uns jedoch auch hier im Klaren sein, der fromme Wunsch von unzähligen Menschen, dass dies von alleine gehen wird, ist reine Utopie. Denn Gesundheit ist ein höchst aktiver Prozess, dem sich jeder aussetzen muss und darf. Der Mensch muss für seine Gesundheit auch eine gewisse Eigenverantwortung übernehmen.

Je schneller Sie dieses Prinzip für sich verstanden haben, desto besser geht es Ihnen. Ich liebe dies so sehr, mich macht es glücklich, alleine die Erkenntnis daraus zu haben und mein Leben danach richten zu können. Dann kommt immense Freude und Dankbarkeit auf. Denn in und mit der Gesundheit zu leben, ist das Größte, was ein Mensch für sich erreichen kann. Die Entscheidung müssen wir immer selbst fällen. Je genauer wir es machen, desto besser geht es uns, umso weiter kommen wir ohne Krankheit.

Krankheiten sind ein störendes Übel, welchem wir mit Nachhaltigkeit begegnen können. Sie brauchen Geduld, bis es sich wieder einpendelt. Ich bin erstaunt, wie die meisten der Meinung sind, einmal etwas getan, muss für alle Zeiten halten. Das ist ein Trugschluss so wie die Meinung, wenn man krank ist, muss man fast nichts ändern. Das stimmt nicht, denn Gesundheit ist ein komplexes Thema, da müssen wir alle Register ziehen. Je länger solch ein Prozess anhält, desto länger dauert es, in die Gesundheit zurückzukommen.

Gesundheit ist das Maß aller Dinge. Denken Sie immer daran, bis es zur Krankheit kam, war es ein langer Weg. Wieso sollte es zurück zur Gesundheit rasant gehen? Es gleicht dem Bau einer Falle, in die man selbst als Erster hineinfällt. Es ist dumm, derart durch die Welt zu gehen. Sie müssen sich davor hüten, in diese Falle zu laufen. Sie haben Geduld und wissen eines, nur wenn Sie über einen langen Zeitraum alles für Ihre Gesundheit tun, wird diese zu Ihnen zurückkehren. Seien Sie dankbar, dass Sie das erkannt haben, und in dieser Dankbarkeit machen Sie sich auf den Weg des Erfolges, des persönlichen Wohlbefindens.

Partner

Was es darüber alles zu sagen gibt, ist sensationell. Wo fängt eine gute Partnerschaft an und wo hört diese auf? Dazu gibt es natürlich wie zu allem im Leben unterschiedliche Meinungen. Für mich bedeutet eine gute Partnerschaft, seinen Partner mit viel Liebe zu fördern und zu fordern. Aber niemals die Manipulation, wie sie manche Partner betreiben. Mit dem Hintergedanken, es noch hinzubekommen. Wie übel ist solch eine Denkweise? Ich finde es erschreckend, solche Geschichten zu erzählen, und würde mich schämen. Denn ich habe keine Lust, meinen Partner zu manipulieren, weil ich das selbst nicht möchte. Ich will geliebt werden, zugleich aber auch in meinem Sein Ruhe haben, finden und leben.

Es ist ungezogen, den anderen in die eigene Richtung manipulieren zu wollen. So etwas ist das Verwerflichste, was man überhaupt machen kann. Das sollten Sie niemals tun, und wenn Sie spüren, dass das mit Ihnen abläuft, sollten Sie sofort die Notbremse ziehen und dies auch kundtun. Dass Sie nicht bereit sind, den Weg mitzumachen, Sie es sich verbieten und gerne in Ruhe gelassen werden möchten. Wenn nicht, ist schon bald die Zeit des Loslassens gekommen und man wird eigene Wege gehen. Dann hat Ihr Partner die Chance und Möglichkeit, darüber zu reflektieren, es anzunehmen oder weiterzugehen. Das ist letztlich so simpel, wenn man zu sich steht. Sich selbst treu zu sein, ist das Wichtigste, was man als Mensch erreichen kann.

Verleugnen Sie nie mehr sich selbst, stehen Sie zu sich. Denn jedes Mal, wenn Sie sich verleugnen, entfernen Sie sich noch stärker von sich selbst. Damit muss Schluss sein, Sie stehen zu sich, tun die Dinge, die Ihnen guttun. Was Sie aufbaut und Ihnen viel Kraft gibt. Damit arbeiten Sie und alles andere lassen Sie sukzessive weg. Denn je schneller Sie loslassen, desto besser geht es Ihnen. Es ist wie immer ein simples und dennoch sensationelles Spiel, welches hier abläuft.

Eines Tages werden Sie Ihren Partner so oder so loslassen müssen, weil Sie sich von ihm/r trennen oder weil er/sie es tut. Der Tag wird kommen, spätestens beim Ableben eines Partners. Sei es, dass Sie gehen müssen oder Ihr Partner. Da haben Sie keine Chance, dann können Sie auch nicht mehr klammern. Es ist aus und vorbei, es gibt auch kein zurück mehr. Fatal, wenn man mit der Situation nicht fertig wird, das ist grausam und brutal. Dieses Klammern ohne Ende, sollten Sie sich niemals geben. Seien Sie unendlich dankbar, glücklich über die Zeit, die Ihnen beiden geschenkt wurde, auch wenn der Zeitpunkt des Abschiedes kommt, aus welchen Gründen auch immer.

Nehmen Sie es an und lassen Sie los. Ich weiß, das hört sich in der Theorie relativ simpel an. In der Praxis ist es dann doch ein wenig komplexer. Es lohnt sich aber wirklich, dass Sie sich mit dem Thema beschäftigen, denn über eines dürfen Sie sich im Klaren sein, der berühmte Tag des Abschiedes wird kommen. Frage ist nur, auf welcher Seite Sie da stehen? Wenn Sie einen neuen Partner gefunden haben, ist es für Sie relativ leicht zu gehen, anders ist es für denjenigen, der zurückbleibt. Wenn Sie schwer krank sind, ist der Tod auch die Erlösung für Sie. Nur für den anderen ist es sehr schwer und hart.

Freunde

Freunde kommen und gehen, das ist der Lauf der Zeit. Manche Freunde bleiben lange und andere nur kurz. Auch da ist das Thema klar das Loslassen. Wer zu sehr klammert, verliert Freunde. Keiner mag es, wenn an ihm geklammert wird. Menschen, die wie Kletten an einem hängen, sind widerlich, und von ihnen sollten wir uns automatisch trennen. Was in der Regel auch ohne großes Zutun passiert. Denn das hält kein Mensch lange aus. Darum achten Sie darauf, dass Sie bei Ihren Freundschaften nicht zu aufdringlich sind. Diese wachsen und halten am besten in einer gewissen Freiheit und Distanz.

Manche Freunde kommen und andere gehen, das ist der normale Lauf der Zeit. Freuen Sie sich über die geschenkte Zeit, seien Sie dafür dankbar und dann lassen Sie sofort los. Da fühlen sich alle Beteiligten gut. Ich erlebe es auch häufig, dass manche förmlich versuchen, mit der Brechstange eine Freundschaft zu erreichen, oder sie zu forcieren. Daraus entsteht absolut das Gegenteil und das ist sehr schade, um nicht zu sagen traurig. Wenn Sie einen Menschen in Ihrer Umgebung haben, der versucht, mit Ihnen so umzugehen, anfängt zu klammern, teilen Sie ihm das sofort mit. Denn nur in der Freiheit funktioniert eine gute Freundschaft.

„Sage endlich, was Du willst, damit Du das bekommst, was Du willst!" Das ist eines meiner weiteren Bücher. Nicht schmollen oder schlucken, was viele Menschen tun. Permanent zu schlucken oder in der Hoffnung leben, dass es noch werden wird. Dies ist ein hausgemachter Unsinn, es wird nicht von alleine. Wer versucht in der Hoffnung zu leben, lebt in der vollkommenen Enttäuschung, und das ist fatal. Lassen Sie auch hier los, es ist das berühmte Zauberwort, welches Ihnen die nötige Freiheit gibt. Sie brauchen diese Freiheit, um in Ihrem Leben weiter zu kommen. Ich wünsche Ihnen von ganzem Herzen, dass Sie es auch so leben.

Kollegen

Die nächste nette Geschichte, mal sind wir nahe an ihnen dran und dann wieder weit weg. Da können wir sie förmlich nicht riechen, sie tun uns nicht gut. Das alles können Sie nur umgehen, in dem Sie aus einer sicheren Distanz operieren. Ich liebe es, mir die Dinge aus der Distanz anzuschauen und aus dieser zu entscheiden. Wenn Sie nämlich zu nahe dran sind, geht Ihnen gänzlich die Objektivität verloren. Das wollen wir doch nie mehr, wir wollen permanent den Überblick und damit die Souveränität behalten.

Vielleicht hört sich das für Sie jetzt komisch oder seltsam an. Das ist nicht schlimm, es ist der normale Weg, welchen wir gehen. Wir nennen ihn auch den berühmten Königsweg, auf dem wir entlang wandern. Dies ist der wichtigste Weg, dem wir uns hingeben können. Es lebe das Leben in all seinen Facetten und Sie stehen immer darüber. Womöglich hört sich das jetzt für Sie etwas hochnäsig an. Das ist es aber in keinster Art und Weise, es ist einfach nur existenziell, dass Sie dies im Griff haben. Noch ein weiterer Punkt, es gibt unter Kollegen immer die großen Tratscher. Halten Sie sich unbedingt von diesen Menschen fern. Wie diese über andere hetzen, genau so tun diese es auch über Sie. Wenn Sie sich jedoch fernhalten, haben diese Typen keinen Anknüpfungspunkt.

Unbedingt auch da loslassen, ich weiß, womöglich können Sie dieses Wort nicht mehr hören. Weil es Ihnen förmlich aus den Ohren heraus kommt. Es ist aber ein Teil des Prozesses, in dem wir uns befinden. Wer sich in Geduld üben möchte, muss loslassen, sonst wird es nichts. Ob wir es glauben oder nicht, es ist ein Teil von unserem Leben. Je schneller wir uns daran halten, desto schöner wird damit und dadurch unser Leben. Sind Sie stets dankbar für alles und erfreuen Sie sich eines gesunden und starken Lebens.

Hobbys

Lieben Sie Ihre Hobbys, ich hoffe sehr, dass Sie darin völlig aufgehen und sich absolut wohlfühlen. Einer der wichtigsten Bereiche für uns Menschen ist, dass wir uns mit dem was wir tun, supergut fühlen. Das vergessen leider die meisten Menschen und sind erstaunt, wenn es nicht vorangeht. Wie soll und kann es vorangehen, wenn Sie sich permanent sabotieren, in dem Sie Dinge tun, die Sie nicht mehr tun möchten? Wie verrückt muss man da sein? Aber genauso verrückt ist der Mensch, er lebt stark verwurzelt in dieser Welt. Eigentlich möchte er es ja gar nicht, dreht sich um und macht sofort das Gleiche, was er nicht mehr wollte.

Wenn Sie Ihr Hobby wirklich lieben, dann tun Sie es, leben Sie es aus und blühen darin vollkommen auf. Wenn Sie es nicht mehr mögen, hören Sie auf damit. Ihnen geht es fortan viel besser. Merken Sie gerade, wie wundervoll sich das Leben darstellt, wenn man bereit ist, es endlich anzunehmen? Ich erlebe Menschen, die einem Hobby nachgehen, welches ihnen keinen Spaß mehr macht. Wie verrückt ist das, kostbare Lebenszeit für etwas zu verbraten, was keine Inspiration und Kraft gibt.

Jetzt haben Sie über das Loslassen so viel gehört

Womöglich haben Sie noch nie in Ihrem Leben so viel über das Loslassen gehört, respektive gelesen. Es ist ein riesiges Paket, welches hier zum Tragen kommt. Sie stehen jetzt mitten drin und stellen sich immer wieder die Frage, wohin die Reise gehen soll. Was gedenken Sie zu bewegen, zu tun, umzusetzen? Je schneller Sie sich mit dem Thema „Loslassen" anfreunden, desto besser geht es Ihnen. Um so mehr Kraft und Power haben Sie. Sie können dadurch mehr bewegen und haben größere Erfolge. Das wünsche ich Ihnen von Herzen, dass Sie es verstehen, begreifen und auch konsequent umsetzen. Tag für Tag immer und immer wieder aufs Neue. Werden Sie nicht müde, es zu tun. Denn in dem Moment, wo Sie dabei nachlässig werden, fallen Sie meilenweit zurück. Es ist mühsam, sich hier wieder nach vorne zu schaffen.

Halten Sie nun fest, wo Sie loslassen und es bereits getan haben

Wir belassen es bei diesem Buch nicht nur bei der Theorie, sondern steigen sofort in die Praxis ein. Denn dort wird ja bekanntlich die Musik gespielt, und je schneller wir das für uns begreifen, desto leichter geht es voran. Ich liebe es sehr, für mich diesen anderen Weg des Erfolges zu gehen. Ich gehe immer in die Schriftlichkeit, denn daraus schöpfe ich unendlich viel Kraft und Energie. Ich hoffe, Sie verstehen das auch und setzen es für sich um. Jeden Tag immer wieder aufs Neue gilt es, den Weg des Erfolges zu gehen und eine Meisterleistung zu machen. Je schneller und öfter Sie das tun, desto wohler fühlen Sie sich.

Schreiben Sie nachfolgend auf, wo Sie schon überall losgelassen haben oder es noch tun werden. Wir haben natürlich immer beide Seiten, schon getan und noch zu tun. Ich finde das spannend, mich in diesen beiden Welten zu bewegen. Auch hoffe ich sehr, dass Sie dies genauso umsetzen und mit Erfolg immer weiter marschieren. Je öfter Sie das tun, desto schneller kommen Sie letztlich voran, und das ist genau das, was wir alle wollen. Wir wünschen uns doch ein absolut erfolgreiches und glückliches Leben. Das wird jedoch nur dem zuteil, der auch etwas dafür tut.

„Sich regen bringt Segen!"

Es ist so simpel und ich liebe es, mich in jeder Hinsicht zu regen, jeden Tag aufs Neue. Schreiben Sie bitte auch auf, warum Sie es getan haben oder noch tun werden. Was hat Sie dazu bewegt, was waren die Hintergründe, die dazu geführt haben? Was uns natürlich bei der Sache genauso interessiert, sind klar die Ergebnisse, welche daraus entstanden sind. Denn immer, wenn wir etwas tun, erhalten wir auch die entsprechenden Ergebnisse. Hier kommt das Prinzip von Ursache und Wirkung voll zum Tragen.

Losgelassen oder tue es?	Warum?	Ergebnisse?
1.) ____________________	________________	__________
2.) ____________________	________________	__________
3.) ____________________	________________	__________
4.) ____________________	________________	__________
5.) ____________________	________________	__________
6.) ____________________	________________	__________

7.) ______________________ __________________ ___________

8.) ______________________ __________________ ___________

9.) ______________________ __________________ ___________

10.) _____________________ __________________ ___________

Wie ist es für Sie, nach dem Sie alles aufgeschrieben haben? Wie geht es Ihnen? Wohin führt die Reise ab sofort? Über das Loslassen zu neuer Energie und mehr Lebensfreude, das ist unser Thema. Darin involviert ist auch das Thema Ungeduld. Da müssen wir loslassen, so wie der Bauer, der im Frühjahr auf seinen Acker hinausfährt und sät. Wenn er die Arbeit verrichtet hat, muss er loslassen und sich in Geduld üben. Denn die nächsten Tage und oft sogar Wochen wird er nichts sehen. Er hat aber das göttliche Urvertrauen, dass alles wird. Er weiß aus Erfahrung und Überlieferungen, dass alles seine Richtigkeit hat und die Saat aufgehen wird. Darum muss er sich nicht kümmern. Das heißt, er muss sich keine Sorgen machen, denn die Saat ist bisher immer aufgegangen, und so ist es doch auch bei Ihnen.

Der Bauer muss nur loslassen, wissend, dass es passen wird. Genauso lassen Sie los und erfreuen sich der Dinge, die da kommen. Ich liebe es und freue mich darauf, hier hinzukommen. Schreiben Sie jeden Abend eine Liste, was Sie am nächsten Tag loslassen. Abends kontrollieren Sie diese, ob Sie es tatsächlich getan haben. Die Kontrolle ist wichtig, denn ohne die wird es nichts. Wir brauchen die Kontrolle als klares Messgerät, um immer den Weg zu erkennen, den wir bereits gegangen sind oder noch gehen werden.

Reduzieren Sie jetzt bitte Ihre zehn Punkte auf die drei Faktoren, bei denen Sie wirklich sagen können, da packe ich an. Sie können nicht an allen Fronten gleichzeitig angreifen. Das funktioniert nicht, denn dadurch würden Sie sich unnötig verzetteln und das wäre von Übel. Also befassen wir uns mit dem Thema und tauchen immer stärker ein. Konzentrieren Sie sich bitte auf die sogenannten Big Blocks das heißt, auf die großen Dinge. Denn die kleinen Punkte erledigen sich in der Regel von selbst, wenn ich erstmals bei den großen angefangen habe.

Losgelassen oder tue es?	**Warum?**	**Ergebnisse?**
1.) ____________________	________________	__________
2.) ____________________	________________	__________
3.) ____________________	________________	__________

Wie fühlt es sich für Sie an? Geht es Ihnen gut, ist es erbauend und wohltuend? Das ist immer die Frage, denn wenn wir solche Aufgaben angehen, haben wir stets ein zweigeteiltes Gefühl. Einmal von sehr wohltuend, dass wir es endlich getan haben, und zugleich von Angst, ob wir es überhaupt packen, es auch im Griff haben und wohin die Reise dann geht, wenn wir es umsetzen? Immer, wenn Sie eine Veränderung einleiten, wird sich in Ihrem Leben etwas verändern. Dieses Ungewisse macht uns etwas Angst, das ist aber gut so. Denn wenn wir keine Angst mehr hätten, wären wir im Bereich der berühmten geistigen Windstille und da ist es nicht sehr schön. Also brauchen wir jetzt viel Bewegung für uns, darin fühlen wir uns wohl und daraus entsteht das Glück.

Glück, welches so viele Menschen anstreben und doch nie erreichen, weil Sie nur im Außen suchen und nie in sich selbst. Das ist verrückt, so etwas zu tun, das machen letztlich nur Narren. Das Problem ist dabei aber, dass wir es schlicht und einfach nicht gewohnt sind, auf diese Weise zu leben. Das ist unendlich schade und traurig. Wir müssen permanent darauf achten, dass wir den anderen Weg gehen. Den Königsweg, auch wenn es manchmal ein wenig schwierig erscheint, oder wir ihn nicht gleich finden. Wer suchet, der findet, das war schon immer so und wird auch so bleiben. Reduzieren Sie es nun bitte auf Ihren Hauptpunkt.

Losgelassen oder tue es?	**Warum?**	**Ergebnisse?**
1.) ____________________	________________	__________

Sie sind erneut an Ihrem Ziel angelangt, herzlichen Glückwunsch. Sie können stolz auf sich sein, dass Sie es im Griff haben. Sie sind ein wahrer Meister, das meine ich von Herzen ehrlich. Sie glauben ja gar nicht, wie viele Menschen hier normalerweise kapitulieren. Sie machen noch nicht einmal das Kleinste und Notwendigste. Alles ist ihnen zu viel, sie beklagen sich lieber. Dafür ist dann genug Energie vorhanden, nur ändert das aber nichts an der Situation. Man erreicht mit Klagen und Jammern definitiv das Gegenteil von dem, was man eigentlich wollte.

Ihr Fazit: ____

Den Geduldigen und Fleißigen gehört die Welt

Kennen Sie diesen Spruch? Ganz bestimmt, und wie sehr leben Sie danach? Das ist die Frage, die wir uns an dieser Stelle stellen dürfen. Sind wir wirklich geduldig? Das wäre schon mal der eine wichtige Punkt, und der zweite ist, ob wir wirklich zu den fleißigen Menschen gehören. Da muss ich bei sehr vielen Menschen ein Fragezeichen setzen. Es glauben zwar fast alle, dass sie fleißig sind, aber in letzter Konsequenz sind sie es dann doch nicht. Das ist nicht gut und clever. So sollte man nicht durchs Leben gehen. Entweder oder, und dann auch hundertprozentig dazu stehen. Das erschafft eine unendlich glückliche und zufriedene Welt.

Was sind Sie letztlich

Ich weiß, eine gemeine Frage, und die wenigsten können diese beantworten. Sowohl als auch heißt es meistens. Das ist so wie „Weder Fisch noch Fleisch." Entweder bist du schwanger, oder du bist nicht schwanger. Dazwischen gibt es nichts, das hat es noch nie gegeben. „Was soll ich denn machen, es ist immer unterschiedlich, und dann hängt es ja nicht nur von mir ab." Da haben wir es wieder, man selbst ist womöglich sogar unschuldig. Man möchte so vieles und bekommt es nicht hin. Weil da die Umstände sind und die anderen Menschen. Mehr darüber in den nächsten beiden Kapiteln. Das Thema ist viel zu wichtig, denn das ist oft der große Hinderungsgrund. Was mich davon abhält, endlich das Leben zu leben, welches ich schon immer leben wollte.

Geduld ist kein Geschenk des Himmels

Führen Sie sich das immer wieder vor Augen. Geduld muss man sich förmlich erarbeiten. Tag für Tag heißt es, an dieser Aufgabe dranzubleiben, und eine große Meisterleistung hinzulegen. Nur wenn Sie das tun, werden Sie in sich den Stolz verspüren und die absolute Lebensfreude, es gepackt zu haben. Darum haben letztlich nur die wenigsten Menschen richtigen Erfolg. Die meisten gehören zur anderen Gruppe und sind erstaunt, dass es nicht weitergeht und sie sich mehr oder weniger im Kreise drehen. Genau das sollen Sie nie mehr tun, wenn Ihr Ziel oder besser gesagt Ihre Ziele klar sind, kann Sie niemand mehr aufhalten. Sie müssen aber klar sein, sehr klar sogar. Mehr darüber im Kapitel „Ihre persönliche Erfolgsformel!"

Ohne Fleiß keinen Preis

Wie fleißig sind Sie und wie fleißig könnten Sie sein? Ich bin gerade auf dem Weg nach Holland, um Hotels zu testen und das Team vor Ort zu schulen. Gestern war einer dieser verrückten Tage, es gab so viel zu tun und die Zeit ist mir förmlich zwischen den Fingern zerronnen, kein gutes Gefühl. Ich wollte morgens zum Kaffeetrinken kurz in die Stadt gehen. Das habe ich gestrichen, ebenso das Mittag- und Abendessen. Mal Hand aufs Herz, wären Sie dazu bereit gewesen? Hätten Sie das gemacht, wohl kaum. Denn für die meisten Menschen sind diese Dinge heilig. Darauf wird nicht verzichtet, man lässt lieber den eigenen Erfolg sausen. Nach dem Motto „Es muss ja auch mal Schluss sein!"

Dieser dumme Spruch kann nur aus dem Mund eines Erfolglosen stammen. Kein Erfolgreicher würde einen solchen Satz aus seinem Mund lassen. Weil er genau weiß, wenn man in einem Projekt steckt, muss man dies durchziehen und es gibt in dem Moment kein zurück. Wie bei den Bauern während der Erntezeit, da müssen sie aufs Feld und die Ernte nach Hause fahren. Das ist absolut selbstverständlich, ohne Wenn und Aber. Nur Otto Normalbürger ist so unterwegs. Ich habe die halbe Nacht durchgearbeitet, bis um 3.00 Uhr in der Früh. Dann war ich müde, aber auch unendlich glücklich und stolz, weil ich es gepackt und durchgezogen habe.

Ich wünsche mir von Herzen, dass Sie den Spirit aus solch einer Denk- und Handlungsweise spüren und auch für sich anwenden.

Fleiß ist durch nichts zu ersetzen

Führen Sie sich bitte immer wieder vor Augen, wie dringlich es ist, dass Sie taff unterwegs sind. Sie immer mehr tun, als von Ihnen verlangt wird. Gehen Sie die berühmte Extrameile und Ihr Leben fängt an, sich zum Positiven zu verändern. Wenn Sie es lassen, wie es ist, wird es nur schlechter. Es geht förmlich rückwärts und das sollte es nicht tun. Sie haben es in Ihrer Hand, können es buchstäblich steuern, in welche Richtung es geht.

„Wer zur Quelle will, muss gegen den Strom schwimmen!“

Das war schon immer so und wird auch so bleiben. Frage ist, wie Sie sich in das Gesamte einfügen. Wie positionieren Sie sich bei dieser Geschichte? Sind Sie bereit dazu, wollen Sie das tatsächlich? Ihnen muss eines klar sein, geschenkt wird Ihnen nichts.

Leben Sie ab heute bewusster

Bitte tun Sie es auf alle Fälle. Nicht nur ein wenig, sondern achtsam und vollkommen bewusst. Wenn Sie damit anfangen, stellen Sie fest, dass Sie immer mehr Ihr Leben im Griff haben und nicht umgekehrt. Das ist so schön, ist das Höchste der Gefühle. Daraus schlussendlich die Meisterleistung per se an den Tag zu legen. Wir sind leider in der Komfortzone und in der Macht der Gewohnheiten gefangen. Mehr darüber in zwei späteren Kapiteln.

Leben Sie sich oder es lebt Sie

Diese Aussage hat für mich immens Kraft und Brisanz. Es ist ein Traum, wenn Sie sich selbst leben und nicht mehr das Leben anderer Menschen. Wenn Sie sich endlich von den Wunschvorstellungen anderer Personen verabschieden. Davon, was diese gerne für Sie hätten und was nicht. Vor allem Eltern sind wahre Meister darin, ihre Kinder in irgendeine Richtung zu drücken. Dies ist nicht nur ungezogen, sondern unverschämt. Wenn es dann auch noch unter dem Deckelmäntelchen von „Ich meine es doch nur gut mit dir" daherkommt, ist es widerlich. Wenn Sie solche Aussagen hören, sollten Sie sich besonders in acht nehmen. Denn das heißt in Wahrheit „Ich meine es doch nur gut mit mir, und wenn du dich änderst, ändert sich auch für mich sehr viel. Dann ist es für mich nicht mehr angenehm und das möchte ich auf keinen Fall!" So lautet nämlich die Nachricht, also schauen Sie besser auf die sich Ihnen ergebenden Tatsachen. Lassen Sie sich nie mehr in die Irre führen und leben Sie sich voll und ganz.

Fleißig und geduldig nach Ihrer Fasson

Dies ist das Thema und wird es auch bleiben, nie mehr nach der Pfeife anderer Menschen tanzen. Weder nach der Pfeife der Eltern, des Partners, oder eines anderen Menschen auf dieser Erde. Ich hoffe, Sie spüren es, was ich damit sagen möchte. Ich wünsche mir, dass Sie den Spirit in sich aufnehmen und nie wieder loslassen. Ihr Leben ist einzigartig, Sie haben alles in sich vereint. Sie müssen aber dazu bereit sein, entsprechend zu leben und dies für immer. Fangen Sie heute noch damit an, Sie sind ja schon mitten drin und darauf können Sie besonders stolz sein.

Schreiben Sie jetzt bitte auf, wo Sie geduldig und fleißig sind

Bitte gleich loslegen, schreiben Sie, was das Zeug hält. Das hilft Ihnen voranzukommen und sich die Welt zu erschaffen, von der Sie schon immer geträumt haben. Wo waren Sie bisher in Ihrem Leben besonders geduldig und fleißig? Denn das kommt meistens immer mit dazu. Das eine bedingt stets das andere, es baut sich aufeinander auf. Sollte in Ihnen jetzt womöglich der Gedanke aufkommen, dass Sie es ja gar nicht sind, wäre das sehr schade und traurig, weil es so nicht stimmt. Sie sind es oder Sie waren es zumindest schon.

Fleißig und geduldig?	Wieso?	Wann?
1.) ______________________	______________	______________
2.) ______________________	______________	______________
3.) ______________________	______________	______________
4.) ______________________	______________	______________
5.) ______________________	______________	______________
6.) ______________________	______________	______________
7.) ______________________	______________	______________
8.) ______________________	______________	______________
9.) ______________________	______________	______________
10.) _____________________	______________	______________

Wie fühlt es sich für Sie an? Haben Sie sich erkennen können? Oftmals ist es so, dass man sich bei diesen Aufgaben wieder erkennt. Die Erinnerung schlägt eine Brücke zu früher und es entsteht dabei eine Verknüpfung. Das ist wichtig, holen wir uns damit doch die Erinnerung an eine wundervolle Zeit zurück. Dann können wir wieder dort anknüpfen und weiterhin wunderbare Geschichte schreiben. Es ist das, was wir brauchen und uns in unserem Leben weiterbringt. Zurück zu den Ursprüngen, denn in uns ist alles vorhanden, was wir brauchen. Wir sind super aufgestellt und genau so kommen wir auch auf die Welt, uns fehlt es an nichts. Erst durch das Heranwachsen werden wir mit etlichen Konventionen konfrontiert und unser Leben wird bestückt mit Geboten und Verboten. Je mehr wir davon mitbekommen, desto enger wird es um uns herum. Es zieht uns teilweise förmlich den Boden unter den Füßen weg.

In diesem oft desolaten Zustand sollen wir ins Leben hinaus gehen und eine Meisterleistung an den Tag legen. Das gelingt selten und ist eine Katastrophe, der wir uns da aussetzen. Das ist alles andere als clever, dermaßen eingeschränkt wird das Leben nur beschwerlich. So kommen mir auch die meisten Menschen vor. Belastet bis zum Anschlag, anstatt voller Lebensfreude und in der Leichtigkeit des Seins. Wenn wir kleine Kinder anschauen, können wir in deren Augen wunderschöne Unbeschwertheit entdecken, Lebenslust und -freude. Buchstäblich keine Grenzen vorhanden, alles in Freiheit und Harmonie. Wenn wir diesen wundervollen Lebewesen einige Jahre später in die Augen sehen, ist dieses Glänzen oft nicht mehr vorhanden. Die Augen sind etwas trübe und manchmal voller Melancholie. Was ist aus dem Menschen geworden? Wo ist der Spirit geblieben? Einfach weg, von den erwachsenen Menschen zusammen gestutzt, bis fast nichts übrig bleibt.

Wie ist es Ihnen dabei ergangen? Erkennen Sie sich in den Schilderungen? Ist es nicht so, als hätten Sie das auch durchgemacht? Bestimmt, und jetzt heißt es wieder von vorne anfangen, das Feuer der Begeisterung zurückholen. Dort, wo es hingehört, mitten in Ihr Herz. Damit es Sie wieder beseelt, begeistert, trägt und inspiriert, Sie haben es wahrlich verdient. Es muss zu einem Teil von Ihnen werden. Achten Sie darauf, dass Sie ab heute nur mit positiven, aufgestellten Menschen zusammen kommen. Denn die haben ein total anderes Schwingungsfeld. Sie sind Inspiration für ein wundervolles Leben. Mehr darüber im Kapitel „Mit welchen Menschen geben Sie sich ab?" Es ist wichtig, sich darüber Gedanken zu machen. Denn nur wenn Sie mit fleißigen, geduldigen Menschen unterwegs sind, spiegelt sich das auch in Ihrer Leistung.

Jetzt reduzieren Sie es auf die drei für Sie stärksten Punkte. Wo waren Sie besonders fleißig, haben eine riesige Meisterleistung an den Tag gelegt, waren extrem geduldig? Auch das ist wichtig, denn nur wenn beides zusammenspielt, gelangen Sie in eine neue Dimension hinein. Der Mensch ist stark auf Zufälle bedacht, die ihm irgendwann zufallen, das reicht aber nicht aus. Erfolg ist kein Zufallsprodukt, sondern wird verursacht. Dies immer aufs Neue, es gibt kein „Jetzt habe ich es gepackt!" Jeden Tag geht es von vorne los und es ist eine Herausforderung, der wir uns da stellen.

Fleißig und geduldig?	**Wieso?**	**Wann?**
1.) ____________________	______________	______________
2.) ____________________	______________	______________
3.) ____________________	______________	______________

Ich bewundere Sie, wie konsequent Sie den Weg gehen. Nein, ich muss nichts sagen, es ist eine freiwillige Leistung meinerseits, weil ich Sie bewundere. Vielleicht möchten Sie jetzt wissen wieso? Ganz simpel, weil Sie zu den rühmlichen 2-3 % der Menschen gehören, die konsequent sind. Die meisten Menschen sind nur am Boykottieren und wundern sich, dass daraus keine Ergebnisse entstehen. Mit ein wenig Wollen und ein wenig Anfangen, gelangt man nicht zum Erfolg. Wieso denn auch, aber so ist der Mensch, Sie sind anders. Sie haben das Buch gekauft, weil Sie der Titel angesprochen hat, den Willen in sich haben, eine Veränderung einzuleiten. Aus diesem Grunde haben Sie allen Respekt verdient.

„Erfolge werden von erfolgreichen Menschen gemacht, es ist kein Zufall und kein Glück, sondern reines Handwerk!"

Ernst Crameri

Denken Sie bitte immer wieder daran, Sie sind ein Teil des Ganzen, und damit gehören Sie automatisch zur Elite des Landes. Auch wenn viele das für verwerflich halten. Das sind aber sowieso nur die Menschen, welche dem Erfolg entsagt haben. Sie jedoch nicht, Sie sind ein Teil davon und bauen es für sich und Ihr Umfeld permanent weiter aus.

Jeder Fleißige weiß, dass es ohne Geduld nichts werden kann. Ich liebe hierzu folgende Aussagen, die sehr beflügelnd sind.

„Rom wurde auch nicht an einem Tag erbaut!"

„Die längste Reise beginnt mit dem ersten Schritt!"

„Eine Million Euro beginnt mit einem Cent!"

Es gibt noch weitere wunderbare Beispiele, mit denen wir arbeiten können. Immer dann, wenn Sie in die Falle der Ungeduld hineinlaufen, muss bei Ihnen sofort das Frühwarnsystem angehen, damit Sie gleich gegensteuern können. In späteren Kapiteln gehe ich auf die drei Beispiele explizit ein. Jetzt reduzieren Sie es bitte auf Ihren stärksten Faktor. Wo haben Sie die maximale Leistung erbracht?

Fleißig und geduldig?	**Wieso?**	**Wann?**
1.) ______________________	______________	_______________

Sie haben alle Aufgaben gewissenhaft und super schnell umgesetzt. Schnelligkeit ist nach wir vor durch nichts zu ersetzen. Denken Sie mal an die Sportler, wer gewinnt da? Der Stärkste und der Schnellste, alle anderen interessieren nicht mehr. Man schaut in der Regel auf die Goldmedaillengewinner. Noch nicht einmal Platz 2 und 3 interessieren. Deshalb achten Sie bitte darauf, dass Sie entsprechend vorgehen. Sie gehören zu den Schnellen und damit zu den Gewinnern. Denn Sie haben nicht aufgegeben und werden es auch niemals tun. Das Wort „Aufgeben" haben Sie völlig aus Ihrem Vokabular gestrichen und das ist auch gut so.

Immer dann, wenn Sie wieder ein Gefühl beschleicht, dass Sie womöglich gerne aufgeben möchten, weil dies in dem Moment als der angenehmere und auch vernünftigere Weg scheint, halten Sie sofort dagegen und machen es auf keinen Fall. Wehren Sie sich vehement. Werden Sie sich dessen bewusst, was da gerade in Ihnen abläuft. Sie erinnern sich noch, was gestern mit mir war? Ich war mitten in einem großen Projekt und es musste noch fertig werden. Es war eine E-Mail-Kampagne, die in dieser Nacht zu Ostern herausgehen musste.

Ich hätte es ja verschieben können, nur wäre damit alles hinfällig gewesen. Da kam plötzlich wie aus heiterem Himmel der Gedanke auf, die Kampagne zu kürzen. Fasse dich kurz, das reicht doch und dann hast du früher Feierabend. Kennen Sie auch solche Gedanken, die plötzlich hochkommen? Bestimmt, und ich war wirklich müde, mein ganzes Team war längstens nach Hause gegangen und die Uhr zeigte kurz vor Mitternacht. Wie nahe ist man da dran, zu sagen „Okay, ich habe mich mit der Aufgabe überschätzt, ich lasse es lieber." Genau das dürfen Sie niemals zulassen. Halten Sie dagegen, damit dieser Gedanke sofort verschwindet. Ignorieren Sie dies auf alle Fälle, denn wer aufgibt, hat bereits verloren. Bin ich so froh, dass ich alleine bin. Keiner der mir dazwischen quatscht mit „Es ist schon so spät, jetzt komm mal endlich ins Bett!" Das hatte ich zur Genüge gehabt.

Ihr Fazit: ____

Lösen Sie sich von den Umständen

Häufig geben Menschen den Umständen die Schuld. Dies ist eine Bankrotterklärung, der Sie sich mit einem solchen Verhalten aussetzen, das dürfen Sie niemals tun. Geben Sie nie mehr den Umständen die Schuld, denn diese haben Sie selbst geschaffen. Ich weiß, das klingt jetzt recht hart und ist schwer zu verstehen, wenn man sich damit noch nie befasst hat. Wir gehen es in diesem Kapitel sukzessive durch. Dann verstehen Sie es und können ab sofort für alles die Verantwortung übernehmen. Das ist erforderlich, um ein erfolgreiches und selbst bestimmtes Leben zu leben. Wer den Umständen die Schuld gibt, zeigt seine Ohnmacht der Situation gegenüber.

Nie mehr ohnmächtig sein

Es ist schlimm, wenn man sich ohnmächtig fühlt, spürt, dass es nicht gut ist, und bekommt die Kurve nicht. Es ist wie in Gefangenschaft zu leben, aber es ist die frei gewählte Gefangenschaft. Wie verrückt muss man als Mensch unterwegs sein, sich das anzutun? Passen Sie gut auf sich auf, dass Sie hier nie mehr hineingeraten. Das tut Ihnen nicht gut und davon sollten Sie sich zügig lösen. Gehen Sie zurück in die Freiheit, wo Sie hingehören. Denn nur dort finden Sie die absolute Toleranz und alles, was Sie brauchen, um eine super Meisterleistung an den Tag zu legen.

„Erfolgreiche Menschen sind nie ohnmächtig, sie trachten immer nach Lösungen, die bereits vorhanden sind!“

Ernst Crameri

Machen Sie sich das zunutze, was erfolgreiche Menschen tun. Das können Sie sicherlich auch oder? In jeder Ohnmacht sind mindestens drei Lösungen vorhanden, kristallisieren Sie diese heraus. Im

Wort Problem ist doch das Wort „pro" enthalten und das heißt klar für etwas sein. Ich liebe die deutsche Sprache, sie ist ein absoluter Traum. In ihr ist so viel Wahrheit enthalten, wenn wir bereit sind, diese zu verstehen, zu begreifen und zu leben.

Schauen wir uns mögliche Umstände an

Letztlich bezeichnen die meisten Menschen alles als Umstände, und diese werden als Alibi missbraucht. Ich bewundere den Einfallsreichtum der Menschen, die in dieser Art vorgehen. Kaum zu glauben, wie sehr sich der Mensch sabotiert. Wenn er es nur ein einziges Mal machen würde, nein, er macht es permanent. Er bemüht sogar alle Hilfsmittel, die es nur irgendwie gibt. Sollte er keine finden, die ihm zu Dienste stehen, entwickelt er schnell neue. Hauptsache er kann sich danach in den Umständen baden. Hier einige Beispiele.

- Eltern
- Staat
- Wetter
- Nachbarn
- Chef
- Mitarbeiter
- Kunden
- Dienstleister

Eltern

Das ist doch klar, viele Menschen geben ihren Eltern für alles die Schuld. Die Umstände, dass die Eltern so waren, haben dazu geführt, wie man selbst ist. Klasse, finden Sie nicht auch? Damit lässt es sich super leben und man macht sich mit dieser Einstellung jeden Tag aufs Neue zum Opfer, der elterlichen Umstände. Damit kenne ich mich sehr gut aus, denn ich war auch solch ein Mensch. Ich hatte meinen Eltern die Schuld gegeben, denn sie hätten mehr aus ihrem Leben machen können. Dann wäre es mir auch besser gegangen, so simpel ist das Spiel. Da meine Eltern aber nie aus dem Angestelltendasein heraus kamen, war es natürlich nichts, mit den von mir vorgestellten Reichtümern. Deswegen stand ich oft im Clinch mit meinem Vater, der dann meinte „Mache es doch besser!" Genau das hatte ich vor, wollte nicht so sein wie meine Eltern. Dass es aber ein sehr langer und beschwerlicher Weg werden würde, war mir nicht bewusst.

Denn von ein wenig Blabla hin zur echten Umsetzung, braucht es einiges an Manpower und Geduld ohne Ende. Alles, was ich angepackt hatte, wollte am Anfang nicht werden. Es war wie eine Blockade, es ging weder vorwärts noch rückwärts. Mir schien es in der Tat wie verhext, also ein dummes Gefühl, dem ich mich da ausgesetzt hatte. Damals habe ich die Prinzipien nicht alle verstanden. Vieles war für mich wie ein Buch mit sieben Siegeln. Ich wollte es aber wissen, keinesfalls das Leben meiner Eltern führen. Also heraus aus den Umständen Eltern, ich hatte sie mir nach der Reinkarnationslehre ja selbst ausgesucht, deswegen war ich dafür auch verantwortlich. Die Eltern sind so, wie sie eben sind und das ist ohne Zweifel ihr gutes Recht. Wir dürfen Sie nicht verbiegen, oder in eine Richtung drücken. Wir können nur uns selbst an die Hand nehmen und eine echte Meisterleistung an den Tag legen.

Staat

Der Staat ist schuld, er schafft diese furchtbaren Umstände, welche dazu geführt haben. Ich bin froh, in einem wundervollen Staat leben zu dürfen. Wenn ich die Spezialisten höre „Der Staat unterstützt uns nicht richtig, er könnte viel mehr für uns tun" kann ich nur den Kopf schütteln. Ich verlasse mich doch nicht auf den Staat. Ich bin alt genug und damit verantwortlich für das, was in meinem Leben passiert. Wenn es mir nicht gefällt in diesem Staat, wandere ich aus. Wo ist das Problem, ich tue es einfach. Dann kann ich nur hoffen, dass der nächste Staat sich nicht auch derart entpuppt. Sonst wäre ich vom Regen in die Traufe gekommen.

Noch einmal, der Staat ist das, was er ist. Ganz im Ernst, schauen Sie sich doch einmal auf dieser Welt um. Meinen Sie tatsächlich, anderswo ist es besser? Wenn Sie es hier nicht packen, werden Sie es woanders auch nicht packen. Entweder haben Sie den Geist des Siegers, des Gewinners in sich oder nicht. Hören Sie auf zu lamentieren und machen Sie stets eine große Meisterleistung. Egal wo Sie sind, wenn Sie es gepackt haben, können Sie immer noch auswandern. Oder Sie machen es gleich wie die reichen Menschen auf dieser Erde und haben mehrere Domizile.

Wetter

Wie wird das Wetter oft beschuldigt. Was könnten wir alles unternommen haben, wenn das Wetter nicht so schlecht wäre. Beispielsweise das Klagen über einen der kältesten Frühlinge, den es jemals gab. Können wir etwas daran ändern? Nein, also schenken wir es uns doch. Es ist ein unnötiger Energieverschleiß, dem wir uns da aussetzen. Das brauchen wir nicht, und alles, was wir nicht brauchen, lassen wir. Wir dürfen nicht mehr so uneinsichtig unterwegs sein und uns Schlechtes tun. Haben wir Geduld und dies auch mit dem Wetter. Es ist, wie es ist und es kam nach jeder Schlechtwetterperiode wieder eine gute Periode.

Wir lassen uns bitte nie mehr auf den Umstand Wetter ein, passen uns folglich dem Wetter an, das ist viel intelligenter, anstatt darüber zu schimpfen. Wenn Sie das schaffen, haben Sie gewonnen und gehören zu den ganz außergewöhnlichen Menschen. Das meine ich jetzt nicht nur so, sondern im Ernst. Im wahrsten Sinne meines Namens.

„Erfolgreiche Menschen leben in der Leichtigkeit des Seins!"

Ernst Crameri

Tun auch Sie das ab sofort und Ihnen geht es um Welten besser, Sie sind für sich verantwortlich. Für alles, was ist, und was nicht ist. Wenn Sie das verstanden haben, haben Sie eine gigantische

Freiheit erreicht. Gönnen Sie sich diese menschliche Freiheit. Wieso soll ich es mir schwer machen, wenn es auch leicht geht? Haben Sie sich diese Frage schon mal gestellt? Ich hoffe schon, denn das ist so wichtig, dass wir uns immer Fragen stellen. Darauf können wir sehr schön aufbauen und uns ein traumhaftes Leben gestalten. Wir müssen zum Designer unseres Lebens werden. Mehr darüber im Kapitel „Werde endlich Designer deines eigenen Lebens!“

Nachbarn

Die blöden Nachbarn, diese sind richtig doof. Aber ich kenne einen, der noch viel blöder und doofer ist. Kennen Sie denjenigen auch? Natürlich, denn diese Person sehen Sie jeden Morgen im Spiegel. Sie sind der Allerblödeste, der herumläuft, finden Sie das nicht auch? Bestimmt empfinden Sie das jetzt nicht lustig und sehen es womöglich sogar als Angriff. Das ist nicht schlimm, ich erkläre es Ihnen. Wenn Sie lauter blöde Nachbarn haben, dann sind Sie doch der Blödeste. Denn Sie können es ja ändern, können gehen. Ich weiß, die meisten Menschen sagen, ich bleibe, wo ich bin. Wieso soll ich wegziehen? Das sehe ich nicht ein. Okay, das ist eine klare Ansage, dann lassen Sie auch Ihre Nachbarn in Ruhe. Die sind, wie sie sind, und werden Sie niemals ändern können. Das müssen Sie übrigens auch nicht.

Der Einzige, der sich ändern kann, sind Sie. Sie können sich ändern und dies zu jeder Zeit. Bitte speichern Sie das auf Ihrer Festplatte ab, denn die meisten Menschen meinen, dass andere sich ändern müssen. Das ist im Übrigen eine Frechheit. Wieso muss der andere sich ändern? „Mal Hand aufs Herz, möchten Sie, dass man zu Ihnen kommt und sagt, du musst dich endlich ändern, so geht es nicht weiter!“ Was würden Sie dazu sagen? „Ja, sehr gerne, danke für den Hinweis. Ich hatte auch bereits darüber nachgedacht.“ Welch ein Schwachsinn, Sie würden es sich doch verbieten oder? Es als Frechheit ansehen und sich das wirklich verbieten. Wieso erwarten Sie es dann von anderen Menschen? Wenn ich das die Leute frage, höre ich häufig „Das ist etwas anderes." Ja klar, bei den anderen Menschen ist es etwas anderes, nur bei Ihnen darf das nicht sein. Merken Sie, wie unlogisch so eine Einstellung ist?

Also haben Sie Geduld, kehren Sie vor Ihrer eigenen Haustüre, wie der Volksmund treffend sagt, oder ziehen Sie endlich weg. Es gibt auch an anderen Orten schöne Wohngegenden, mit entsprechenden Immobilien. Aber Sie können sicher sein, wenn Sie es jetzt nicht lösen, nehmen Sie das Problem mit. Das Problem sind nämlich Sie, übrigens sind Sie das immer. Also schenken Sie sich bitte solch eine Vorgehensweise. Ich wünsche Ihnen viel Spaß und Erfolg bei der konsequenten Umsetzung.

Chef

Die blöden Chefs, das kennen wir doch von irgendwoher. Klar, Chefs sind immer blöd und man würde an seiner Stelle alles anders machen. Wieso machen Sie es nicht, wer hindert Sie daran, endlich Ihren eigenen Weg zu gehen und es allen zu zeigen? Nicht der Chef ist das Problem, Sie sind es. Ich finde es super, wenn man es endlich erkannt hat, dann kann man darauf aufbauen. Weiterhin schimpfen, das steht einem frei, ich würde es nicht tun. Denn es kostet unnötige Energie und die brauchen Sie für Wesentlicheres als Ihr Lamento über den Chef. Eines sei Ihnen gewiss, Sie werden ihn nicht ändern. Wenn er so unmöglich ist, gehen Sie. So gute Leute wie Sie, werden überall mit Handkuss genommen.

Was halten Sie von meiner Idee, die ist doch cool? Kaum jemand findet es lustig, wenn ich dies erzähle. Da kommt häufig „Man muss heutzutage froh sein, wenn man überhaupt eine Arbeit hat. So einfach ist das nicht mehr!" Aha, eine spannende These, die sich da aufbaut. Dann halten Sie doch in Zukunft die Klappe und machen Ihre Arbeit mit Bravour. Der Chef ist auch nur ein Mensch, lassen Sie ihn doch so, wie er ist. Wenn Sie nicht bereit sind, Ihren eigenen Weg zu gehen.

„Erfolgreiche Menschen ändern, was sie stört, sprechen aber niemals negativ darüber, oder sie lassen und akzeptieren es!"

Ernst Crameri

Lesen Sie dieses Zitat bitte nochmals durch, genau so läuft es ab. Ändern Sie es oder lassen es, und damit hat es sich. Aber nicht das, was Sie und die meisten machen. Dieses ewige Gejammere, Gehadere und Lamentieren, ist übel. Da kann einem nur schlecht werden. Meinen Sie nicht auch, dass es langsam aber sicher reicht?

Mitarbeiter

Die lieben Mitarbeiter, ich liebe die Chefs, die behaupten „Es gibt keine guten Mitarbeiter mehr!" Da muss ich sofort dagegen halten „Es gibt heutzutage keine guten Chefs!" Wenn ich das dann wie aus der Pistole geschossen sage, schauen mich die Chefs in der Regel erschrocken an. Das finden sie nicht lustig, im Gegenteil. Aber so ist es doch, die Mitarbeiter sind nur das Produkt des Chefs. Welcher Chef bildet sich denn schon weiter? Kaum einer, das finden sie alle unnötig. Welcher Chef trainiert seine Leute regelmäßig? Das halten sie für unnötig und eine reine Zeitverschwendung. Wie soll es dann bitte funktionieren? Auf der einen Seite der Mitarbeiter, der so gut wie möglich seine Arbeit verrichtet, auf der anderen Seite der Chef, der unzufrieden ist und nicht bereit, seine Leute zu schulen, ihnen zu zeigen, wie es ablaufen müsste.

Das kann nicht funktionieren, ist ein Ding der Unmöglichkeit. Ich habe die Mitarbeiter, die ich mir herangezogen habe. Je schneller ich das begreife und danach lebe, desto besser geht es mir. Wenn ich als Chef mit meinen Leuten unzufrieden bin, muss ich sie austauschen. Dazu sind aber die meisten Chefs zu faul und haben auch Angst davor, was dann sein wird. Da wird sich alles genau wiederholen, es wird sich nichts ändern. Sollte dann ein Hochkaräter darunter sein, passiert mit ihm genau das Gleiche. Hier können wir klar erkennen, es sind nicht die Umstände der schlechten Mitarbeiter, sondern es ist der Chef persönlich.

Kunden

Was wird über die Kunden geschimpft. Ich finde es schlimm, kennen Sie das auch? Bestimmt und es nimmt kein Ende. Häufig wird abschätzig über sie gesprochen, oft in den Worten „Scheiß Kunden.“ Wenn überhaupt einer scheiße ist, Sie wissen schon, aber bestimmt nicht der Kunde. Dieser möchte doch nur Ihre Dienstleistung in Anspruch nehmen. Sei es als Selbstständiger oder Angestellter. Dafür ist er bereit, Geld zu bezahlen. Einerseits gibt es sehr nette und pflegeleichte Kunden, die einkaufen und das war es. Das Gegenteil davon sind schwierige Kunden, die weitere Ansprüche haben und es genau wissen möchten. Wie gehen Sie damit um? Ich hoffe absolut souverän und zuvorkommend, denn auch dieser Kunde lässt gutes Geld da.

Im Schlusseffekt ist es die Summe aller Kunden, die Ihren Lohn bezahlen und Ihnen den Lebensstandard ermöglichen, den Sie gerade besitzen. Wenn Sie einen anderen möchten, müssen Sie eine größere Dienstleistung an den Tag legen. Gehen Sie neue Wege, wenn Sie der Meinung sind, das reicht nicht aus. Veränderung ist sowieso das große Thema und es lohnt sich immer, in diese zu gehen. Ich liebe es, meine Dienstleistung zu erweitern. Für mich gibt es nichts Schlimmeres, als stehen zu bleiben. So ergeht es auch Ihren Kunden. Es ist für sie ein Gräuel, wenn immer nur das Gleiche angeboten wird. Seit Jahren permanent nur die gleiche Nummer, kennen Sie das? Wie langweilig, und in diese Falle dürfen Sie nie hineinlaufen. Wechseln Sie Ihr Leben, bilden Sie sich permanent weiter. Je mehr Sie das tun, desto mehr verändern Sie sich.

Ich bin sehr oft auf Fort- und Weiterbildungen, ich liebe es, dazu lernen zu dürfen. Das ist für mich das Höchste der Gefühle, was es überhaupt nur gibt. Durch mein permanentes Lernen entwickle ich mich weiter und weiter. Je mehr ich kann, desto mehr kann ich auch weiter geben. Merken Sie etwas, so schließt sich langsam aber sicher der Kreislauf. Eines bedingt das andere und so weiter.

„Erfolgreiche Menschen bilden sich permanent weiter, denn Stillstand bedeutet Rückschritt, das kann sich kein Erfolgreicher leisten!“

Ernst Crameri

Ich finde dieses Zitat wundervoll und liebe es. Genau das sollten Sie auch tun und Sie werden erleben, es gibt keinen doofen Kunden mehr. So wie Sie sich verändern, verändern sich auch Ihre Kunden. Es wird ein neuer Kundenkreis aufgebaut. Sie kommen da endlich aus der berühmten Umständefalle heraus. Das tut Ihnen nicht gut, wenn Sie darin verweilen. Wieso denn auch, das machen eh nur die Narren. Wenn Sie ein Angestellter sind, dann machen Sie genauso weiter. Lernen Sie, was das Zeug hält. Sie machen sich dadurch unentbehrlich und das ist erforderlich. Entweder es gibt dann in Ihrer Firma eine entsprechende Aufgabe oder Sie ziehen weiter.

„Erfolgreiche wissen eines, dass gute und außergewöhnliche Menschen überall auf der Welt gebraucht werden!“

Ernst Crameri

Dieses Zitat zeigt auf, wenn Sie viel können und wissen, werden Sie überall mit Handkuss genommen. Sie müssen aber eine überdurchschnittliche Leistung an den Tag legen. Sonst haut es nicht hin. Ist es das, was Sie wirklich für sich möchten? Bitte nein, nie und nimmer. Gehen Sie stets den berühmten Königsweg. Damit heben Sie sich klar von der Masse ab. Wer sich abhebt, wird auch wahrgenommen. Sie erreichen mit diesem Verhalten Kultstatus und man pilgert zu Ihnen. Vielleicht finden Sie das jetzt etwas komisch. Ich denke viel eher, dass es für Sie ungewohnt ist. Sie werden sich aber schnell daran gewöhnen und dann ist es ein Teil von Ihnen, als ob es noch nie etwas anderes gegeben hätte.

Dienstleister

Das ist der nächste Punkt, und das kann manchmal schön nervig sein. Da warten Sie auf einen Dienstleister und er kommt nicht. Sie rufen ihn an, er verspricht zu kommen und tut es nicht. Sie können sich dann ärgern, das ändert in dem Moment nichts. Wenn Sie sich ärgern, schaden Sie sich nur selbst. Also geht man immer in die Lösung, das ist das einzig Sinnvolle. Alles andere nützt nichts und die Lösung kann nur lauten, Klartext zu sprechen und auch zum Ausdruck bringen, dass man sonst wechseln wird. So einfach ist das und dann würde ich mich vorsorglich schon mal auf den Weg machen, nach einer weiteren Lösung suchen.

Ich mag keine Abhängigkeit, das tut mir nicht gut und da es fast immer mehrere Anbieter gibt, spreche ich sie an. Sollte es so sein, dass dies nicht machbar ist, übe ich mich in Geduld. Auch wenn es mir noch so schwerfallen wird, denn manche Dienstleister und hier vor allem Handwerker haben eine Art, die einem auf die Palme bringen kann. Aber was nützt es, denn wir machen uns nur selbst zum Affen, und dazu lasse ich mich nicht manipulieren. Mein jüngstes Beispiel ist mein Autohaus, ich halte dem bereits seit sieben Jahren die Treue und habe einiges an Geld dort gelassen. Jetzt wo ich gerne ein neues Auto hätte, schalten sie auf stur und sehen es nicht ein, mein altes Auto zurückzunehmen.

Ich kann es nicht nachvollziehen, das hängt mir zu hoch, da ist ein Kunde, der möchte ein Auto kaufen. Wenn ich sehe, wie sich da manche anstellen, stehe ich ungläubig davor und denke, ich bin im falschen Film. Die Oberklugen führten mit mir eine Diskussion. „Ich verkaufe ihnen gerne ein Auto, aber ihres nehmen wir nicht in Zahlung!“ „Danke, dann hole ich mir eben woanders ein Auto.“ „Wieso denn, sie können es doch auch privat verkaufen.“ „Ganz bestimmt nicht, dann gehe ich woanders hin.“ „Wenn sie meinen, sie können dann ja zu uns zur Inspektion kommen.“ Bestimmt werde ich das tun, für wie dumm halten die mich denn?

Umstände ohne Ende

Jetzt wurde es noch ein recht langes Kapitel, das hatte ich nicht vorgesehen, aber doch sehr spannend. Ich hoffe Sie konnten erkennen, dass es nie die Umstände sind, die alles zu dem machen, was es ist. Dass es immer nur Sie sind, wenn Sie es in die Hände bekommen. Sie entscheiden, in welche Richtung es gehen wird. Ich liebe das Positive und Lebensbejahende. Das ist mir wichtiger, als mich mit dem Negativen abzugeben. Denn eines hat sich gezeigt, dass Negatives noch mehr Negatives anzieht, und das mag ich nicht, denn das Leben ist viel zu kurz. Machen wir aus dem Leben eine große Meisterleistung, auf die wir stolz sein können.

Schreiben Sie jetzt bitte alle Ihre bisherigen Umstände auf

Bitte nicht lange überlegen, auch wenn wir nun einen kurzen Blick in die Vergangenheit werfen. Das ist manchmal erforderlich, aus dem Vergangenen in die Zukunft hinein, daraus können wir viel lernen. Wir wären dumm, würden wir die alten Fehler in die Gegenwart und Zukunft übernehmen. Das machen nur Narren und damit möchten wir nichts mehr zu tun haben. Das Leben besteht aus einer Aneinanderreihung von Erlebnissen. Manche sind super, andere weniger. Einige sind sogar schrecklich für uns. Frage ist, wie wir damit umgehen. Was machen wir aus der Situation, schaffen wir eine Meisterleistung, oder eher das Gegenteil?

Seien Sie sich im Klaren, Sie haben wie immer die Wahl und dafür müssen Sie dankbar sein. Im Vorfeld gilt es, dass Sie die Wahlmöglichkeit überhaupt erkennen. Nur wer Chancen wahrnimmt, kann mit ihnen leben und diese für sich und die Mitmenschen nutzen. Ich liebe es, jeden Tag aufs Neue wählen zu dürfen, und ich tue es auch. Die Umstände interessieren mich nicht, wieso sollte ich mich auf diese einlassen? Sie würden mir mehr schaden als nützen. Muss ich mir denn Schaden zufügen? Nein, nie und nimmer, auch wenn es um mich herum viele andere Menschen machen, es ist deren freie Entscheidung. Ich habe mich aber voll und ganz dagegen entschieden. Ich wäre ja ein riesiger Narr, wenn ich mir Schaden zufüge. Wie sehen Sie das für sich?

Schreiben Sie jetzt bitte auf, wie es sich für Sie anfühlt und wie Sie damit umgehen. Was sich alles in Ihrem Leben zugetragen hat und wie es weiter geht. Je mehr Gedanken man sich macht, desto leichter ist eine Veränderung in eine wundervolle Welt möglich. Dazu ist es aber erforderlich, dass man in die Schriftlichkeit geht. Wenn wir das nicht tun, kann es leicht passieren, dass man es verliert. Den Weg zu verlieren, ist wirklich das Schlimmste, was einem passieren kann. Um genau das zu vermeiden, gehen wir auf die Reise ins Innere und schauen uns die Situation genau an. Das macht nicht nur Spaß, sondern daraus ergibt sich auch die Veränderung, in ein wundervolles und äußerst positives Leben der Erfüllung. Schreiben Sie jetzt alle Ihre Umstände auf, warum das so ist und seit wann das schon anhält. Nur wenn wir das tun, können wir jeweils ansetzen und in die Veränderung gehen.

Meine Umstände?	Warum?	Seit wann?
1.) ______________________	______________	______________
2.) ______________________	______________	______________
3.) ______________________	______________	______________
4.) ______________________	______________	______________
5.) ______________________	______________	______________
6.) ______________________	______________	______________
7.) ______________________	______________	______________
8.) ______________________	______________	______________
9.) ______________________	______________	______________

10.) ______________________ _______________ ________________

Wie ist es für Sie, nachdem Sie es angeschaut haben? Macht es Angst oder verursacht es eine gewisse Form von Ärger? Dies daraus resultierend, dass wir nichts geändert haben. Alles beim Alten gelassen haben, das kann passieren und ist in der Tat von Übel. Darum sollten wir darauf achten, dass wir nie mehr in diese Situation geraten. Denn Ärger frisst die kostbare Lebenszeit und -qualität. Bis man es merkt, sind unter Umständen etliche Wochen, Monate und sogar Jahre vergangen. Das muss man sich mal überlegen, da leben wir so vor uns hin und uns ist nicht bewusst, was wir da tun. Dann sind wir maßlos erstaunt, wenn eines Tages unser halbes Leben oder noch mehr vergangen ist.

Ich kann es jedem nur sehr ans Herz legen, gut auf sich aufzupassen und das Leben immer souverän im Griff zu haben, sodass Sie wahrlich nie abrutschen. Denn wenn man erstmals abgerutscht ist, ist es nicht unbedingt lustig und erbauend, von dort aus wieder ins Leben zurückzufinden.

„Wehret den Anfängen!"

Das kann ich jedem nur empfehlen. Und sollte das Kind doch in den Brunnen gefallen sein, holen Sie es zügig wieder heraus. Denn alles, was zu lange anhält, verschlimmert sich nur. Ich denke, das kennen Sie bereits aus Ihrem bisherigen Leben. Das Dasein ist für viele ein Zustand, in dem sich etwas tut, während man lebt und sich nicht dessen bewusst ist, was da abläuft. Also achten Sie auf sich, wenn Sie das noch mit Liebe verbinden, haben Sie gewonnen. Jetzt reduzieren Sie es auf Ihre drei stärksten Faktoren, die Sie in Ihrem Leben zu bieten haben.

Meine Umstände? **Warum?** **Seit wann?**

1.) ______________________ _______________ ________________

2.) ______________________ ______________ ______________

3.) ______________________ ______________ ______________

Wie war es für Sie, sind Ihnen einige Lichter aufgegangen? Ich hoffe sehr, denn je mehr Sie spüren und merken, was da alles in Ihnen passiert ist, desto stärker haben Sie den Durch- und Überblick. Das ist dringlich, geht es dabei um nichts Geringeres, als Ihr wertvolles Leben. Wenn Sie natürlich an die Reinkarnation glauben, würde es ja fast keine Rolle spielen. Ich bin mir da aber nicht sicher, ob das so ist. Was ist, wenn nicht? Dann hätten wir nur Pech gehabt oder so ähnlich. Genau auf das möchte ich mich auf keinen Fall einlassen. So habe ich beschlossen, aus meinem Leben eine wundervolle Meisterleistung zu machen. Ich liebe es, meisterlich unterwegs zu sein und auch unendlich viel zu bewegen. Das macht definitiv mehr Spaß und bringt auch Lebensfreude.

Warum soll man etwas auf irgendwann verschieben? Das bringt nichts, es wird nur kostbare Lebenszeit verbraten. Macht Sie das glücklich und zufrieden? Ich kann es mir nicht vorstellen. Aus diesem Grund machen Sie aus Ihrem Leben eine Meisterleistung, sollten Sie wiederkommen, wunderbar. Wenn nicht, ist das auch in Ordnung. Aber das Leben findet jetzt statt und das sollten Sie für sich nutzen. Ihnen geht es dadurch besser und Sie sind auch leistungsfähiger. Denn je mehr Ergebnisse Sie schaffen, desto reicher können Sie damit durch die Welt gehen. Ergebnisse schaffen weitere Motivation, mehr zu tun und damit noch bessere Ergebnisse zu erzielen. Ich liebe es sehr und möchte nie mehr darauf verzichten. Reduzieren Sie nun Ihren größten Umstand, den Sie am meisten praktiziert haben.

Mein größter Umstand? Warum? Seit wann?

1.) ______________________ ______________ ______________

Wie fühlt es sich jetzt an? Macht es Sie glücklich, dass Sie ihn endlich auf dem Papier festgehalten haben? Ich hoffe sehr, denn damit ist es ein für alle Male geregelt. Wir müssen die Klarheit schaffen, nur so blicken wir durch und damit geht es uns besser. Unsere Aufgabe ist nun einmal, darauf zu achten, dass es uns von Tag zu Tag immer besser geht. Je mehr wir uns darin üben, desto weiter gelangen wir in unserem Leben. Wir haben die Wahl und von unserer Wahl hängt alles ab.

Ihr Fazit: ____

Sie hatten in Ihrem Leben schon so viel Geduld

Das weiß ich genau, auch ohne, dass ich Sie unbedingt persönlich kennen muss. Jeder Mensch hat in seinem Leben schon viel Geduld an den Tag gelegt. Nur leider erinnern wir uns oft nicht daran. Vieles ist verschüttet worden und das war es dann. Schade und traurig, aber so ist es leider. In der Regel erinnern wir uns an all die Dinge, die nicht funktionieren. An das Negative und daran, in diesem Stil durchs Leben zu wandeln, das bringt nur Verdruss mit sich. Wieso tut man sich das an? Ist es wichtig, dass man sich selbst permanent quält? Ich glaube nicht, und damit hören wir ab sofort auf, wir fangen mit dem Positiven an und bleiben dabei. Das Negative nehmen wir zur Kenntnis, verbannen es aber zügig aus unserem Leben.

Ohne Geduld geht nichts

Das müssen Sie wissen und dann geht es Ihnen bereits viel besser. Wer es nicht weiß, hat bereits verloren. Möchten Sie öfters verlieren, macht Ihnen das Spaß? Ich kann es mir nicht vorstellen, darum lassen Sie es bitte. Hüten Sie sich davor, machen Sie einen großen Bogen um das Negative. Ich weiß, was viele mir dazu häufig sagen, dass es zu unserem Leben gehört. Richtig, es gehört zum Leben dazu, wir müssen es aber nicht in unser Leben lassen. Sollte es versuchen, sich dort einzunisten, entsagen sie ihm und ersetzen Sie das Negative sofort durch das Positive. Am Anfang mag das ein wenig komisch sein, im Laufe der Zeit geht es Ihnen immer besser von der Hand. Dann wird es zu einem Teil von Ihnen, gehört in Ihrem Leben dazu.

Das Leben wäre so einfach

Kennen Sie diesen Spruch? Bestimmt, und was bringt er? Doch

nichts, im Gegenteil, es kostet Sie unnötige Kraft, die Sie für Wesentlicheres brauchen können. Das Leben ist simpel, nehmen Sie das bitte fest in Ihr Leben auf. Leben Sie damit und lassen Sie sich nie mehr davon abbringen, dass das Leben so einfach und großartig ist. Es wird nur dann kompliziert, wenn ich es glaube. Wem schade ich damit am meisten, doch in erster Linie mir selbst und dann auch meinen Mitmenschen. Muss ich mir das geben? Ich glaube nicht, und so trenne ich mich dann auch viel lieber von einer negativen Einstellung.

Sie hatten schon so viel Geduld im Mutterleib

Das war der erste Moment, wo Sie mit unendlicher Geduld aufgetreten sind. Wissen Sie noch, wie lange es gedauert hatte? Das war ja Wahnsinn, so lange haben Sie gewartet, bis Sie endlich das Tageslicht erblicken konnten. Haben Sie da einmal gezaudert und gezögert? Bestimmt nicht, für Sie war es eine Selbstverständlichkeit, dass es seine Zeit dauert, Sie haben sich damit abgefunden. Genau das sollten Sie auch jetzt tun. Dann spüren Sie förmlich, wie eine Last von Ihnen abfällt. Ich weiß, es ist nicht leicht, dies zu tun. Wenn Sie aber nicht damit anfangen, wird es nichts.

Sie hatten so viel Geduld im Kindergarten

Tag für Tag sind Sie dahin getrottet, ob Sie Lust hatten oder nicht, keiner hat danach gefragt. Mit einer stoischen Ruhe sind Sie des Weges gegangen. Sie wussten tief in Ihrem Inneren, dass es da eine Änderung geben würde. Sie hatten aber keinen Stress damit, es war für Sie normal. Dieses Gefühl sollten Sie jetzt wieder in Ihr Leben holen. Wir sind die einzigen Lebewesen auf dieser Erde, die dazu imstande sind, alte Gefühle aufleben zu lassen. Machen Sie davon Gebrauch und Ihnen geht es fortan besser. Das Schlimmste für einen Menschen ist, meist in schlechten Gefühlen zu leben. Ich bin mir sicher, dass Sie dies auch kennen. Absolut nicht empfehlenswert und deshalb zu verabschieden. Je schneller Sie dies tun, desto besser geht es Ihnen und Sie fühlen sich dadurch gelöster.

Geduld ohne Ende in der Schule

Sie erinnern sich noch daran, wie viele Jahre Sie in die Schule marschiert sind? Jeden Tag aufs Neue, über viele Jahre sind Sie den Weg gegangen und was hatten Sie letztlich davon? Natürlich einiges, Sie können heute lesen, schreiben und rechnen. Dann haben Sie noch ein wenig Allgemeinbildung, und weiter? Sie hatten keine andere Wahl, denn bei uns herrscht nun einmal Schulpflicht und so haben Ihre Eltern Sie hingeschickt. Ohne mit der Wimper zu zucken, es war ein feststehendes Programm und Sie waren ein Teil davon. Auch wenn es vielleicht nicht immer Spaß gemacht hat, wie mir. Es ist aber vorbei gegangen und das ist doch der entscheidende Faktor. Immer dann, wenn Sie denken, es womöglich nicht mehr zu packen, holen Sie sofort diese lange Schulzeit in Ihr Leben und in Ihre Erinnerung. Dann knüpfen Sie dort wieder an, ich meine nicht an dem, was Sie da gelernt haben. Vielleicht gehörten Sie ja auch zu denen, die damals gesagt haben „Schule nein danke, nie wieder!“ Aber an das Durchhaltevermögen können Sie denken und dann gehen Sie so durchs Leben.

Ihre ersten Gehschritte bis zum Laufen

Fast hätte ich es vergessen, das ist auch ein spannender Faktor. Was haben Sie da an den Tag gelegt? Erinnern Sie sich noch, wohl kaum. Aber Sie können kleine Kinder beobachten, die vom Krabbeln ins Laufen übergehen. Es ist sensationell, mit welchem Ehrgeiz sie dies durchziehen. Immer und immer wieder, sie fallen hin und stehen wieder auf. Dann fallen sie erneut hin, und anstatt aufzugeben, stehen sie wieder auf. Dann noch einmal und noch einmal und das so lange, bis es endlich klappt. Alle Achtung, was die Kleinen da an den Tag legen. Mit unendlicher Dynamik und einem großen Eifer. Knüpfen Sie da wieder an, kehren Sie zurück an diesen Punkt des „eisernen Durchhaltevermögens!“

Das unendliche Durchhaltevermögen

Ich traue mich fast zu sagen, es gibt im Leben von Menschen fast nie mehr solch ein unglaubliches Durchhaltevermögen. Also, damit ist der Beweis doch klar gegeben, dass wir es können. Wir dazu imstande sind und jetzt heißt es nur noch, es auch zu tun. Ja, fangen Sie wieder damit an, ohne einen einzigen Moment zu zaudern und zu zögern. Wenn Sie das tun, dann haben Sie bereits verloren. Ich mag in meinem Leben nicht zu den Verlierern gehören. Vor vielen Jahren habe ich entschieden, ein Gewinner zu sein, und danach lebe ich.

Erlernen unseres Berufes

Erinnern Sie sich noch, wie lange das gedauert hat? Das war nochmals eine lange Zeit, mit der wir uns förmlich herumgeschlagen haben. Auch da hat es viele Jahre gedauert und vielleicht ging es Ihnen so wie mir. Ich war heilfroh, dass die Lehre eines Tages abgeschlossen war und ich endlich in die Selbstständigkeit gehen konnte. Ich wollte nicht einen Tag länger als Angestellter arbeiten. Das war für mich die Qual hoch zwei. Da stellt sich dann die Frage, wieso man sich quälen sollte, wenn es auch einfacher geht. Nehmen Sie diese Fragestellung in Ihr Leben auf und es wird leichter werden. Der einfachste Weg ist immer der Königsweg.

Langwierige Berufswege

Wenn ich an manche Berufszweige denke, wie die des Facharztes, da dauert die Ausbildung ja ewig. Alleine das Studium und dann die Assistenzzeit. Danach der lange Weg bis hin zum Facharzt. Alle Achtung vor diesen Menschen, wie eisern sie unterwegs sind. Und das nur, weil Sie einen Traum haben. Welchen Traum haben Sie vor Augen, dass es sich lohnt, so lange dranzubleiben und nie aufzugeben? Packen Sie es heute noch an, jeder Tag birgt die Chance der Entscheidung für ein erfolgreiches Leben, voller Hingabe und Harmonie in sich.

„Erfolgreiche Menschen geben sich immer ihrer Lebensaufgabe voll und ganz hin!“

Ernst Crameri

Können Sie das auch von sich behaupten? Ich wünsche es Ihnen sehr, dass Sie das können. Denn damit können Sie wahrlich viel besser und harmonischer leben. Es ist oft so wenig, was dann doch den großen und entscheidenden Unterschied im Leben ausmacht.

Wo hatten Sie in Ihrem Leben schon so viel Geduld

Beschäftigen wir uns nun mit Ihrem Leben, da gibt es auch Momente, in denen Sie unendliche Geduld an den Tag gelegt haben, dass teilweise Sie selbst und Ihre Mitmenschen auch total überrascht waren. Man nennt das auch die großen magischen Momente des Lebens, die dann zum Tragen kommen. Das tut so gut, wenn man damit anfängt. Man möchte dann nie mehr darauf verzichten. Wichtig ist, dass wir sie uns immer wieder in Erinnerung rufen und zu einem Teil von uns selbst machen. Von alleine tut sich nichts, und weil wir doch stark in der berühmten Komfortzone verankert sind, fällt es uns schwer, diese zu verlassen.

Schreiben Sie jetzt bitte auf, wo Sie eine riesige Geduld an den Tag gelegt hatten. Warum das so war und wann. Denn manche guten Dinge liegen doch schon ein wenig länger zurück. Wir holen sie jetzt wieder in unser Leben und arbeiten damit. Es ist ein Traum, damit zu arbeiten und darauf aufzubauen. Je mehr wir das tun, desto stärker kommen wir in die alte Energie zurück. Wir sind in der Tat die einzigen Lebewesen, die das so meisterlich tun können. Ich bin sehr dankbar, dazu gehören zu dürfen, und ich hoffe, dass Sie das auch für sich mit übernehmen können. Also, los geht es, und freuen sich über die daraus resultierenden Ergebnisse.

Meine große Geduld?	**Warum?**	**Wann?**
1.) ____________________	______________	______________
2.) ____________________	______________	______________

3.) ______________ ______________ ______________

4.) ______________ ______________ ______________

5.) ______________ ______________ ______________

6.) ______________ ______________ ______________

7.) ______________ ______________ ______________

8.) ______________ ______________ ______________

9.) ______________ ______________ ______________

10.) ______________ ______________ ______________

Wie ist es für Sie, wie stellt es sich für Sie dar? Was haben Sie daraus gelernt? Diese Frage sollten Sie sich immer wieder stellen. Denn nur wenn wir auch daraus lernen, können wir darauf aufbauen. Ich liebe es, zu lernen und mich permanent weiter zu entwickeln. Stillstand bedeutet für mich die größte Strafe, die es überhaupt gibt. Wenn das Leben nicht vorangeht, wir uns ausschließlich nur noch im Kreise drehen. Das ist doch grausam, darum achten Sie bitte darauf, dass Sie lernen und lernen.

„Erfolgreiche Menschen lernen Tag für Tag und gehen täglich in die Fort- und Weiterentwicklung als ihr größtes Lebenselixier!"

Ernst Crameri

Gehören Sie auch zu diesen erfolgreichen 2-3% der Menschen, oder eher zur breiten Masse? Ich bin froh, dass ich mich dazu zählen darf. Das tut so gut und baut mich stark auf. Es gibt viel Kraft und die ist erforderlich, um richtig voranzukommen. Es ist in der Tat das Schönste, wenn wir bereit sind, in die Entwicklung zu gehen. Entwicklung und hier insbesondere die eigene, ist durch nichts zu ersetzen. Denn je mehr Sie können, je mehr Sie wissen, desto besser geht es Ihnen. Wenn Sie bereit sind, den Weg zu gehen. Das ist jedoch immer eine freiwillige Entscheidung.

Sie waren ja schon so geduldig, ist Ihnen das überhaupt bewusst? Den meisten Menschen ist es nicht präsent, was sie bereits alles in ihrem Leben geleistet haben. Sind Sie dankbar und glücklich, dass Sie sich zu den großartigen Menschen zählen dürfen. Das hilft Ihnen, schneller weiter zu kommen. Verbünden Sie sich bei allem im Leben immer mit der positiven Energie. Denn die zieht noch mehr positive Energie an. Es ist wie ein Magnet, dem Sie sich förmlich aussetzen. Er arbeitet für Sie Tag und Nacht, darüber sind sich die wenigsten im Klaren. Natürlich wirkt er genauso im Negativen, es geht in beide Richtungen. Jetzt reduzieren Sie es bitte auf Ihre drei Hauptpunkte, wo Sie sehr geduldig waren.

Meine große Geduld?	Warum?	Wann?
1.) ______________________	______________	______________
2.) ______________________	______________	______________
3.) ______________________	______________	______________

Wie geht es Ihnen bei der Reduktion auf drei Punkte? Wie gehen Sie damit um? Was tut sich dabei in Ihnen? Welches Gefühl überwog sofort und schlagartig? Wir müssen lernen, noch viel mehr auf unsere Gefühle zu hören. Wenn wir das nicht tun, sondern es ignorieren, verlieren wir nur. Ich mag es nicht, zu den Verlierern zu gehören. Ich bin ein absoluter Gewinner und das bedingt auch, dass ich wie ein Gewinner durchs Leben marschiere. Es ist letztlich so simpel, wenn ich um die Dinge weiß. Ich muss mich jedoch auf den Weg machen. Wenn ich das nicht tue, bleibt alles so, wie es war. Und das ist dumm, meinen Sie nicht auch? Das Leben ist per se in alle Richtungen Großartigkeit, leben wir sie. Ja, machen wir daraus eine wundervolle Meisterleistung und hören wir nie mehr auf, es zu tun.

Üben Sie sich in Geduld

Wer sich in Geduld übt und dabei weitermacht, kann nur gewinnen. Das lässt sich tatsächlich nicht verhindern. Wieso sollten wir dermaßen dagegen arbeiten? Wir wären ja total verrückt, dennoch tun es die meisten Menschen. Man bewegt sich selbst auf dem berühmten Selbstvernichtungs-Trip. Kennen Sie das auch? So dumm kann eben nur der Mensch sein. Achten Sie bitte unbedingt darauf, dass Sie das nie mehr tun. Reduzieren Sie es jetzt auf Ihren stärksten Punkt.

Meine größte Geduld?	Warum?	Wann?
1.) ______________________	______________	______________

Sie haben es beinahe schon wieder gepackt und können sehr stolz auf sich sein. Sie gehören zu den großartigen Menschen, die das, was sie sich vorgenommen haben, konsequent durchziehen. Wissen Sie, wie unendlich wertvoll das ist? Das ist sensationell gut und großartig, mit diesem Wissen und Können unterwegs zu sein. Einen Erfolg nach dem anderen zu kreieren. Ich liebe es sehr und freue mich damit auch Tag für Tag, genau das zu tun, ohne nur eine Sekunde zu zögern und zu zaudern.

Ihr Fazit: ____

Lösen Sie sich von den anderen Menschen

Wenn ich das den Menschen auf meinen Vorträgen, Seminaren und Coachings sage, schauen mich die meisten entgeistert an. Oft stößt es auf Widerstand, denn man ist kaum dazu bereit, dies in sein Leben zu lassen. Das ist schade, wenn man so unterwegs ist. Es ist alles andere als gut, es ist kontraproduktiv, wenn man an sogenannten alten Kamellen festhält. Es gibt hierzu den schönen Spruch „Was vorbei ist - ist vorbei!" Wir schauen uns jetzt gemeinsam Ihre alte Welt an, die voller Beziehungen zu Mitmenschen ist. Sind diese alle noch aktuell, ist es das, was Sie sich gewünscht und vorgestellt haben? Ist es Ihr Leben? Das ist übrigens eine der dringlichsten Fragen, die Sie sich permanent stellen sollten.

Wir klammern zu oft

Kennen Sie das auch, hundertprozentig. Und wie gut ist das? Alles andere als gut, wir müssen endlich damit aufhören zu klammern. Denn manche Beziehungen haben einfach den berühmten Zenit überschritten, und das gilt es unbedingt zu akzeptieren. Wir sollten klar erkennen können, wenn der berühmte Zug abgefahren ist. Hier gilt eine alte Indianerweisheit.

„Steige ab, wenn dein Pferd tot ist!"

Mir gefällt dieser Spruch außerordentlich gut, denn es liegt viel Wahrheit in ihm. Auf einem toten Pferd reiten zu wollen, ist nicht clever. Darum schenken Sie es sich lieber und steigen ab. Selbstverständlich ist am Anfang auch Angst vorhanden, denn wir verlassen in diesem Fall altes und bekanntes Terrain. Wir möchten am liebsten dort bleiben, wo wir waren. Aber das geht nicht, wir wären ja völlig verrückt, wenn wir uns auf diesem Level bewegen würden. Was vorbei ist, ist vorbei und das ist gut so. Wir schauen lieber nach vorne, freuen uns über die Zukunft und in erster Linie über die gerade vorherrschende Gegenwart.

Angst, sich zu lösen

Das ist normal, dass wir Angst haben. Diese ist im Übrigen eine der größten Mächte, die es auf Erden gibt. Mit Angst werden andere Menschen gefügig gehalten. Sie ist ein probates Mittel, auch Kinder klein und folgsam zu halten. Kennen Sie diesen Idiotenspruch? „Wenn du nicht lieb bist, hat dich Mama auch nicht mehr lieb." Unglaublich, wie oft ich solch ein Geschwätz schon gehört habe. Da frage ich mich, ob die Eltern und hier vor allem die Mütter noch zu retten sind. Wie kann man sein Kind mit Liebesentzug bestrafen? Das ist das Letzte, sogar das Allerletzte. Also hören Sie auf, mit solch einem Schwachsinn zu operieren. Hüten Sie sich bitte davor und bleiben Sie ein fairer und ehrlicher Mensch.

Nach welchen Kriterien sollte man vorgehen

Es gibt ein simples Merkmal, um zu erkennen, was einem gut tut und wo man besser gehen sollte. Handeln Sie am besten nach folgendem Parameter, dann liegen Sie goldrichtig. Es ist so simpel und doch habe ich lange gebraucht, bis ich es für mich heraus gefunden hatte. Wie heißt es so schön „Das Gute liegt so nahe, nur wir sehen es leider nicht." Das ist schade, dass wir so durch die Welt marschieren. Dafür gibt es dann Leute wie mich, die solche wichtigen Botschaften verbreiten, und Leute wie Sie, die es mit Freude lesen. Damit sind wir beide in unserem Leben ein riesen Stück weiter gekommen. Eigentlich ist es simpel, wenn man um die Dinge weiß. Jetzt aber zum Parameter, der Ihnen helfen wird, wenn Sie wollen, bereits ab sofort.

„Gibt Energie – kostet Energie!"

Das ist die Frage, die Sie sich stellen müssen, mehr ist für Sie nicht zu tun. Alles, was Ihnen Energie gibt, intensivieren Sie, da bleiben

Sie dabei. Alles, was Energie kostet, eliminieren Sie. So simpel ist es und Sie werden es trotzdem in der Praxis erleben, dass sich alles doch noch ein wenig komplexer darstellt, als rein theoretisch aus dem Buch heraus.

Denn da spielen auch noch Gefühle mit, Emotionen kommen zum Tragen, und diese gilt es zu bewältigen. Nur wenn Sie das schaffen, geht es Ihnen besser und Sie fühlen sich richtig in Ihrer Mitte. Ich denke, alleine dafür lohnt es sich, dass man sich auf den Weg macht. Auch wenn es sich manchmal etwas abstrus anhört und darstellt. Ziehen Sie es durch und Sie werden etliches daraus gewinnen. Ich für meinen Teil freue mich riesig, dass ich mich zu den Gewinnern zählen darf. Auch Sie sind ein Gewinner, denn sonst würden Sie jetzt nicht das Buch lesen und sich daran erfreuen. Andernfalls wären Sie auch nicht so fleißig im Durcharbeiten, also sind sie bitte unendlich stolz auf sich und dankbar.

Nehmen Sie sich zurück

Wenn es Ihnen nicht gut tut, nehmen Sie sich bitte zurück. Das möchte ich Ihnen ans Herz legen. Es gibt Menschen, von denen kann man sich leichter trennen, bei anderen fällt es einem dagegen schwer. Zum Beispiel würde ich mich nie von meinen Eltern trennen. Das finde ich fatal, denn sie haben uns schlussendlich unser Leben geschenkt. Das mag man jetzt sehen, wie man möchte, sie waren es aber, und je schneller man das versteht, desto leichter kommt man mit ihnen klar. Natürlich heißt das nicht, dass man alles akzeptieren und mitmachen muss. Auch da gibt es Grenzen, denn manche Eltern sind willenlos und es ist definitiv nicht gut, ihnen da freie Hand zu lassen.

Geschwister, nun denn, ich habe mich von meiner Schwester zurück gezogen, weil es hinten und vorne nicht passt. Ihre Welt ist nicht die meine und sie glaubt, ihre Welt meiner überstülpen zu müssen. Ich finde das anmaßend und muss mir das nicht weiter antun. Seitdem ich diese Entscheidung getroffen habe, geht es mir um Welten besser. Auch wenn meine Mama das nicht gerne sieht, das ist aber ihr Problem und nicht meines. Ich hoffe, Sie verstehen das und können es auch so annehmen.

Das tut man nicht

Auch das hört man natürlich häufiger. Das tut man nicht oder das macht man nicht. Wer sagt solch einen Schwachsinn? Erfolgreiche oder erfolglose Menschen, für Erfolgreiche gibt es keine Grenzen und alles, was nicht gut tut, Energie kostet, wird über kurz oder lang gecancelt. Wieso sollen Sie sich ärgern, warum sich das Leben unnötig schwer machen? Was gibt das für einen Sinn? Das ist eine große Dummheit, der Sie hier unterliegen. Denn über eines dürfen Sie sich im Klaren sein, geschenkt wird Ihnen nichts. Also machen Sie sich bitte ab sofort nichts mehr vor. Stehen Sie zu sich, sind Sie sich bitte treu, und was durch das Raster „Tut mir nicht gut" fällt, verbannen Sie.

Was man tut und was nicht, entscheidet jeder für sich. Dazu muss kein anderer Mensch gefragt werden, denn es geht buchstäblich mit Ihnen nach Hause. Ich liebe mein Leben sehr und habe bereits vor vielen Jahren angefangen, mir selbst treu zu sein. Wieso sollte ich mich permanent verleugnen? Oft unter dem Deckmäntelchen des lieben Friedens. Kennen Sie auch diese Form der Grundmotivation? Das ist doch verrückt, wenn man sich das antut. Wissen Sie wieso? Weil wir dadurch niemals den Frieden erlangen werden, und wieso sollten wir es dann auch versuchen?

Oft sind wir zu feige

Wie oft waren Sie zu feige, etwas zu tun? Obwohl Sie gewusst haben, dass es Ihnen nicht gut tut? Sie haben es trotzdem gemacht, aus Angst, in die Enttäuschung zu fallen oder womöglich anderen Menschen wehzutun. Das ist aber nicht Ihre Geschichte, ob es einem anderen wehtut. Dieser kann das für sich entscheiden. Es ist nicht unsere Aufgabe, die wir uns anmaßen müssen. Das verstehen die meisten leider überhaupt nicht. Wir sind derart darauf bedacht, bloß nicht einem anderen in irgendeiner Form wehzutun. Man möchte auf gar keinen Fall in Ungnade fallen. Sie können doch letztlich tun oder lassen, was Sie wollen. Der andere kann jederzeit Cäsar spielen und genau aus diesem Spiel müssen Sie sich zurückziehen, davon müssen Sie sich trennen.

Was nichts bringt, lassen Sie los

Haben Sie mehr Mut und dann läuft es auch bei Ihnen. Im Laufe der Zeit gewöhnen Sie sich daran und es wird immer besser. Ich liebe es sehr, mir selbst treu zu sein, genau das sollten Sie auch tun. Aber manchmal ist es etwas schwierig, sich selbst zu finden. Lassen Sie sich bitte helfen, wenn Sie dies tun, haben Sie buchstäblich bereits die halbe Miete gewonnen. Wir coachen viele Menschen, die mitten im Leben stehen. Bei denen es weder vorwärts noch rückwärts geht. Kennen Sie diesen Zustand auch? Alles, was nicht gut ist, muss aufgelöst werden. Natürlich reden Sie bitte vorher nochmals darüber und suchen Sie nach gemeinsamen Lösungen. Sofern Ihr Gegenüber das überhaupt möchte, dies ist die Grundvoraussetzung. Wenn Sie spüren, dass da absolute Windstille herrscht, dann gehen Sie endlich.

Je länger Sie warten, umso besser wird es

Denken Sie bitte daran, es wird nicht besser, das Gegenteil ist der Fall. Man ist von allen guten Geistern verlassen, zu warten und damit die eigene Lebenszeit zu zerstören. Wozu sich permanent quälen? Meinen Sie nicht, dass Sie sich in Ihrem Leben bereits genug gequält haben? Ich bin mir da hundertprozentig sicher, und irgendwann ist doch Schluss. Das ist meine persönliche Meinung, also stehen Sie zu sich und treten Sie die Veränderung an. Wenn die Angst zu übermächtig ist, notieren Sie, was alles passieren könnte, und je mehr Sie in die Schriftlichkeit gehen, desto klarer können Sie es erkennen. Um so selbstverständlicher wird es und dadurch verschwindet auch die Angst. Wieso wollen Sie weiterhin in Angst und Ungewissheit leben? Also heraus aus diesem Dilemma, hinein in eine freudvolle Zukunft.

Von wem lösen Sie sich

Auch da gehen wir in die Tiefe und halten alle Personen fest, von denen wir uns lösen. Diese Aufgabe verursacht ein komisches Gefühl, wenn man damit anfängt, plötzlich die Namen der Personen aufzuschreiben. Das ist seltsam, denn bisher hat man es vielleicht im Kopf gehabt und das eine oder andere Mal gesagt „Es reicht langsam, aber sicher" oder „Ich weiß nicht, wie lange ich das noch mitmache." Aber wenn man anfängt, die Namen auf Papier zu bringen, gewinnt das eine andere Dimension. Es steht schwarz auf weiß da und kann jederzeit nachgelesen werden. Es ist jetzt nicht mehr wachsweich, sondern nimmt klare Konturen an. Als ich in einem solchen Fall den Namen meiner Ex aufs Papier gebracht hatte, war mir schon sehr komisch ums Herz.

Das war für mich klar der Anfang vom Ende und das wusste ich in dem Moment auch. Ich bin gespannt, wie es Ihnen bei dieser Aufgabe geht. Bitte nicht lange nachdenken, sondern schreiben. Wenn Sie zu viel denken, haben Sie verloren. Es geht darum, dass Sie nie mehr verlieren, sondern nur noch zu den berühmten Gewinnern gehören. Da gehören Sie auch hin und damit wären Sie ein für alle Mal aus der Falle Ungeduld heraus, die Ihnen nicht gut tut, respektive getan hat. Viel Spaß beim Aufschreiben, von was Sie sich lösen, warum Sie das tun und wann Sie es machen.

Ich löse mich von?	**Warum?**	**Wann?**
1.) ______________________	______________	______________
2.) ______________________	______________	______________

3.) ______________________ ______________ ______________

4.) ______________________ ______________ ______________

5.) ______________________ ______________ ______________

6.) ______________________ ______________ ______________

7.) ______________________ ______________ ______________

8.) ______________________ ______________ ______________

9.) ______________________ ______________ ______________

10.) _____________________ ______________ ______________

Wie fühlt es sich für Sie an? Ich denke etwas komisch, also mir war es damals seltsam ums Herz. Es hat mich nicht glücklich gemacht, sondern traurig. Denn ich hatte doch das klare Zeichen der Veränderung gelegt und das bedeutete ein eindeutiges Aus für die Beziehung. Veränderungen machen am Anfang Angst. Es ist unangenehm, denn wir wissen nicht, was uns erwartet. Uns wird nur klar, dass es so, wie es vorher war, nie mehr sein wird. Das spüren wir in dem Moment, und wenn es auch noch etliche Jahre gedauert hat, ist es erst komisch und macht uns teilweise richtig Angst.

Ich habe mir die komischsten Dinge vorgestellt, wie zum Beispiel alleine ins Bett zu gehen, aufzuwachen. Weihnachten alleine sein und und und. All diese Sachen, die wir damals gemeinsam gemacht haben, waren weg, respektive würden weg sein. Das hat mich stark verängstigt und ich war oft traurig darüber. Ich habe mich dann mit dem Gedanken beruhigt, dass es schon werden wird und ich es nicht sofort machen muss. Ich kann ja noch ein wenig damit warten. Dennoch habe ich in mir deutlich gespürt, dass es so nicht weitergehen kann, ich es auch in diesem Stil nicht mehr möchte. Das stand fest und ich habe es glasklar gesehen. Manchmal ist es schon verrückt, was wir Menschen machen und in was wir uns hineinmanövrieren.

Nun denn, wie wir da hineingegangen sind, so gehen wir wieder heraus. Wenn wir es gut haben, in Frieden und Harmonie mit uns selbst leben möchten, ist es erforderlich, dass wir auf uns hören. Sonst gehen wir dabei verloren, und verlieren mag ich nicht, mein Leben ist das eines Gewinners. Bei allem, was dagegen spricht, suche ich schnellstens nach Lösungen. Wir müssen nur die Augen offen halten und Mut haben. Denn ohne Mut tut sich nichts, und wenn wir wegen Mutlosigkeit unser Leben dabei vergessen. Reduzieren Sie jetzt Ihre zehn Punkte auf die drei, bei denen Sie denken, endlich in die Handlung gehen zu müssen. Dabei kann es ein wenig komplex sein, lassen Sie sich nicht davon irritieren.

Ich löse mich von?	**Warum?**	**Wann?**
1.) ____________________	____________	____________
2.) ____________________	____________	____________
3.) ____________________	____________	____________

Wie ist es nun für Sie? Fühlen Sie sich besser oder noch schlechter? Ich denke, es ist auch bei Ihnen ein Wechselbad der Gefühle, sowohl als auch, und das ist auch gut so. Nehmen Sie es in großer Dankbarkeit an und erfreuen Sie sich Ihres Lebens. Dass Sie überhaupt soweit gekommen sind und sich endlich mit dem Thema befassen, ist super. Sie gehören damit zu den rühmlichen Ausnahmen, die bereit sind, etwas zu verändern. Das ist großartig, denn die meisten Menschen lamentieren lieber und bleiben dabei unglücklich. Das ist aber definitiv nicht Ihr Leben.

Jede Veränderung, jedes Loslassen ist am Anfang komisch und wir verlassen da bewusst unsere Komfortzone. Das heißt, wir begeben uns außerhalb unseres Kontrollbereiches. Haben es nicht mehr unter Kontrolle, dass dies am Anfang komisch ist und Missbehagen mit sich bringt, ist ein völlig normales Spiel. Danach dauert es noch eine Weile und wir fühlen uns sehr glücklich. Denn das neue Leben ist wieder zu einem Teil von uns geworden. So geht es ein Leben lang, neue Menschen werden in unser Leben treten und andere gehen. Das wiederholt sich und dauert bis zu unserem Tode. Sind wir dankbar für diesen Prozess, den wir da erleben dürfen. Es wäre ja schrecklich, wenn wir komplett in unserer alten Welt bleiben müssten. Reduzieren Sie es nun auf Ihren Hauptpunkt, bei dem Sie den größten Handlungsbedarf erkennen.

Ich löse mich von?	**Warum?**	**Wann?**
1.) ______________________	______________	______________

Sie sind erneut am Ziel angelangt, herzlichen Glückwunsch für Ihr Durchhaltevermögen, Sie können so unendlich stolz auf sich sein. Das ist solch ein Traum, Sie dabei zu sehen, wie Sie Ihren Weg mit hoch erhobenem Haupt gehen und sich von niemandem aufhalten lassen. Das ist der entscheidende Punkt, die meisten lassen sich in der Regel aufhalten. Diese bleiben förmlich in der alten Kiste kleben und leben in der Hoffnung, dass es doch noch werden wird, was für ein riesiger Trugschluss. Wieso sich immer der berühmten Fata Morgana hingeben, die ohnehin überhaupt nichts bringt? Ist es wirklich das, was Sie sich in Ihrem Leben vorgestellt haben? Ich glaube nicht, und darum ist es gut und auch clever von Ihnen, dass Sie auf dem Weg in ein wundervolles Leben sind.

Vor allem in ein selbstbestimmtes Leben, um das es in erster Linie geht. Denn dies ist durch gar nichts zu ersetzen. Das sollten Sie sich immer vor Augen führen. Ihr Leben ist sensationell, Sie haben alles in sich, was Sie brauchen. Wichtig ist dabei, dass Sie alles, was Ihnen an Möglichkeiten zur Verfügung steht, nutzen. Sie Ihr gesamtes Potential ausschöpfen, dann liegen Sie goldrichtig. Warten Sie ab, bis sich alles etwas gesetzt hat, dann tauchen Sie immer wieder in das Gefühl ein. Auf diese Weise gewöhnen Sie sich daran und es dauert in der Regel nicht mehr lange, bis es tatsächlich Wirklichkeit wird.

Ihr Fazit: ____

Macht der Gewohnheiten

Das ist ein Teufelszeug, die Macht der Gewohnheiten, eine unliebsame Zeiterscheinung, die uns nicht gut tut. Wir sind zu sehr in den Gewohnheiten gefangen und kommen da oft nicht richtig heraus. Deshalb müssen wir arg an uns arbeiten, um dem zu entgehen. Je schneller wir das schaffen, desto besser geht es uns und umso mehr Lebensfreude können wir wieder entwickeln. Im Wort „entwickeln" ist das Ende der Verwicklung enthalten. Das ist ein wundervolles und großartiges Gefühl, dem Sie sich da hingeben können. Es tut unendlich gut und ist auch erforderlich, um ein schönes und gutes Leben führen zu können.

Die Macht der Gewohnheiten ist hartnäckig

Darüber müssen wir uns im Klaren sein, Gewohnheiten sind dermaßen hartnäckig. Diese haben sich tief in unser Leben eingefressen und wir bekommen sie fast nicht mehr eliminiert. Wenn wir jedoch guten Willens sind, das Positive dabei erkennen können, sind wir auch imstande, daran und damit zu arbeiten, um es in den Griff zu bekommen. Danach erfüllt uns ein Glücksgefühl sondergleichen, es geht uns richtig gut, und so soll es doch sein.

Je länger wir sie haben, desto länger dauert es

Haben wir die Gewohnheit nur kurze Zeit, ist sie relativ schnell verschwunden. Wenn wir sie jedoch schon viele Jahre oder womöglich sogar Jahrzehnte mit uns herumtragen, wird es schwieriger. Das Leben ist per se ein wundervoller und großartiger Traum. Wir haben viele Facetten und Möglichkeiten in unserem Leben vereint. Die Frage ist hierbei, welche wir davon leben und welche nicht. Ich liebe es, sie alle zu leben und in ihnen total aufzugehen, da überkommt mich eine große Dankbarkeit.

Die Formel Lebensjahre gleich Monate

Schauen wir es uns genauer an, was damit gemeint ist. Sie sind heute zum Beispiel 48 Jahre alt. So heißt das im Klartext, dass es 48 Monate dauert, bis sich etwas in Ihrem Leben geändert hat. Das ist ein langer Weg, bis Sie das alte Programm gelöscht haben. Hier unterliegen die meisten Menschen einer Täuschung, sie sind der Meinung, dass es zügiger gehen muss. Einmal angedacht und schon ist es für alle Zeiten in Ordnung.

Das ist Unsinn, so schnell geht es nicht. Es hat lange gedauert, bis es endlich da war und genauso lange dauert es, bis es weg ist. Das ist nun mal der Lebensweg, den wir gehen müssen, es lohnt sich aber, ihn bewusst zu gehen. Denn damit kommen Sie in die Veränderung, wichtig dabei ist, dass Sie immer daran denken und daran arbeiten. Nicht nur manchmal, sondern Tag für Tag, Woche für Woche und so weiter.

Schreiben Sie Ihre Gewohnheiten auf. Es ist dringlich, dass Sie mit Ihren Gewohnheiten arbeiten und dies in schriftlicher Form. Nicht im Kopf behalten und denken, das wird schon gut werden. Wir müssen in die berühmte Schriftlichkeit gehen. Dort finden wir auch die Bestätigung und die Erfüllung unseres Daseins. Das ist wichtig, denn schwarz auf weiß ist es untrüglich. Es steht da und wir können anhand verschiedener Parameter kontrollieren, was wir bereits verändern konnten und was noch fehlt. Lassen Sie sich eines gesagt sein, es wird immer einiges fehlen, bis es endlich soweit ist. Ich liebe diese Vorgehensweise, hilft sie uns, klarer zu sehen und endlich für Ordnung zu sorgen.

Achten Sie dabei auf sich

Dies ist ein dringlicher Aspekt, dass Sie bei dieser Aufgabe in erster Linie nur auf sich achten und niemals auf andere. Denn die werden sich unter Umständen vehement gegen Ihre Veränderung wehren, sie mögen es nicht. Bedeutet das in der Regel für die anderen, Abstriche zu machen und aus der eigenen Komfortzone heraus zu müssen. Das wird nicht gerne gesehen, am liebsten haben es die Menschen, wenn alles so bleibt, wie es bisher war. Jegliche Form der Veränderung wird vehement bekämpft. Hüten Sie sich davor, sich durch solche Geschichten von Ihrem Lebensweg abbringen zu lassen.

Fangen Sie jeden Tag aufs Neue an

Das möchte ich Ihnen ans Herz legen, jeden Tag aufs Neue anzufangen. Sich niemals der trügerischen Sicherheit hinzugeben, dass alles in Ordnung ist. Denn das ist es nicht, es ist auch ein riesiger Trugschluss, dem wir Menschen permanent verfallen. Dies entspricht nicht der Wahrheit, denn es ist ein Prozess, ein langer sogar, und Sie stehen da mitten drin. Arbeiten Sie daran voller Freude und Begeisterung, auch wenn Sie manchmal das Gefühl haben, es bewegt sich nichts. Das ist unangenehm, sich so fortbewegen zu müssen. Denn wir möchten meistens nur den schnellen Weg gehen. Den eleganten und sicheren Weg, möglichst noch ohne Mühsal, das wäre für uns die absolute Krönung.

Gewohnheiten sind oft Überlieferungen

Das sollten wir beachten, dass wir mit etlichen Überlieferungen leben. Wenn wir dranbleiben, können wir diese langsam aber sicher abbauen, uns dadurch freier fühlen. Überlieferungen von unseren Eltern, Großeltern, Geschwistern, Lehrern, Freunden, Kunden, Firmen, haben uns geprägt und tragen dazu bei, was heute ist. Freuen wir uns, dass wir es nun erkennen können, was da gepielt wird und wohin das führt, respektive geführt hat. Auch die Ungeduld ist ein wundervolles Beispiel für das, was uns hindert und damit unnötig den Weg erschwert. Wenn wir Vorbilder hatten/haben, die selbst ungeduldig waren/sind, so dürfen wir nicht erstaunt sein, wenn wir uns in diese Riege einreihen.

Halten Sie jetzt all Ihre Punkte fest

Gleich gehen wir in die Schriftlichkeit und halten alle Punkte fest, wo Sie total unflexibel sind und vollends in der Macht der Gewohnheiten leben. Sofort loslegen und die zehn Punkte aufschreiben. Nur dadurch haben Sie die Chance, es ändern zu können. Sie dürfen nie mehr darin haften bleiben, das tut Ihnen nicht gut und Sie brauchen die Freiheit der Entscheidung, des Denkens, Handelns und Fühlens.

Das nennt man das wundervolle und vor allem freie Leben. Notieren Sie nun Ihre Gewohnheiten, warum das so ist und seit wann Sie diese mit sich herumtragen. Das wird eine abenteuerliche Geschichte. Bitte nicht lange überlegen, sondern sofort beginnen. Schritt für Schritt gehen Sie den Weg des Erfolges. Ist es aufgeschrieben, ist man ein riesiges Stück weiter gekommen. Seien Sie dankbar für diese Kraft, die Sie in sich verspüren, und leben Sie die weiter aus. Von Herzen wünsche ich Ihnen viel Spaß bei der Umsetzung.

Meine Gewohnheiten?	**Warum?**	**Seit wann?**
1.) ____________	____________	____________
2.) ____________	____________	____________
3.) ____________	____________	____________
4.) ____________	____________	____________
5.) ____________	____________	____________
6.) ____________	____________	____________
7.) ____________	____________	____________

8.) ______________________ ______________ ______________

9.) ______________________ ______________ ______________

10.) _____________________ ______________ ______________

Wie fühlt es sich für Sie an? Geht es Ihnen gut, ist es aufbauend oder eher vernichtend? Lieben Sie es, sich voll und ganz in dieser Welt zu bewegen? Ich liebe für mich die Welt der Veränderung, es gibt nichts Schlimmeres, als in der alten Welt zu verweilen.

„Stillstand bedeutet für mich Rückschritt!"

Das ist nicht meine Devise, darum gehe ich lieber in die permanente Veränderung. Was gut oder sehr gut ist, behalte ich bei. Was schlecht ist, cancle ich und gehe in die Veränderung. Manchmal geht es schneller und dann dauert es etwas länger. Insgesamt ist jedoch eine tolle Entwicklung zu sehen, in ein Leben, von dem ich immer geträumt habe. Es ist wundervoll und großartig, darum leben wir es Tag für Tag. Nicht warten, dass es von selbst besser wird oder sich verändert. Das wäre Unsinn, wir wissen eines, nur wenn wir es in die eigene Händen nehmen, tut sich etwas.

Reduzieren Sie jetzt bitte Ihre zehn Punkte auf drei, die für Sie am stärksten wirken. Diese kennen Sie mit Sicherheit, wo und womit haben Sie die größte Wirkung bei dem, was Sie tun? Welche Gewohnheiten sind so stark, dass sie nicht gut tun? Schauen wir uns einige davon an, Sie rauchen, Sie essen übermäßig viel, Sie trinken ein Glas zu viel, das sind zum Beispiel Gewohnheiten, die nicht optimal sind.

Meine Gewohnheiten?	**Warum?**	**Seit wann?**
1.) ______________________	______________	______________

2.) ______________________ ______________ ______________

3.) ______________________ ______________ ______________

Wie fühlt es sich jetzt an? Was ist für Sie nun wichtig und was überhaupt nicht mehr? Alles Fragen, denen wir uns für ein besseres und schöneres Leben aussetzen. Letztlich dreht sich alles nur um diesen einen Punkt. Ein Leben voller Freude und fernab von Mühe und Pein. Wir haben dabei die Wahl, können uns entscheiden, wie wir vorgehen wollen. Sind Sie dankbar dafür und stolz auf sich. Denn das gibt neue Kraft und macht mutig. Sie brauchen diesen Mut, um in Ihrem Leben weiter zu kommen. Lebensfreude und -spaß sind durch nichts zu ersetzen. Das ist die größte Antriebsfeder, mit der Sie durchs Leben gehen können.

Bitte nehmen Sie das nie auf die leichte Schulter. Sie glauben nicht richtig daran, das ist unvernünftig, wenn wir das machen. Ich bin erstaunt, wie oft sich der Mensch durch seine Verhaltensweisen schadet. Das ist der pure Wahnsinn. Gehen Sie einen anderen Weg, Ihren eigenen Königsweg. Dies ist der Weg, auf dem erfolgreiche Menschen gehen. Erfinden Sie das Rad nicht neu. Sie schaden sich dadurch nur selbst, weil Sie Ihre kostbare Lebenszeit damit vergeuden. Dies ist dadurch für Sie verlorene Zeit. Wir brauchen unsere Lebenszeit für die Dinge, welche uns und auch andere Menschen im Leben weiterbringen. Suchen Sie nachfolgend aus Ihren drei Punkten die Hauptgewohnheit heraus. Das wird Ihnen Klarheit bringen.

Meine Hauptgewohnheit? Warum? Seit wann?

1.) ______________________ ______________ ______________

Herzlichen Glückwunsch, Sie können sehr stolz auf sich sein. Ich finde es klasse, dass Sie die Aufgaben immer so gewissenhaft erledigen. Es ist wichtig, dass der Mensch stolz auf sich ist. Auf sein Leben und auf das, was er alles tut und bereits getan hat. Das sind tragende Elemente in ein schöneres, glücklicheres Leben. Dass dazu eine gehörige Portion Geduld und Mut nötig ist, ist normal und gehört eben zum Leben dazu. Ohne eine große Portion Geduld ist kein Veränderungs-Prozess machbar, dies sollten Sie immer im Auge behalten.

Ihr Fazit: ______________________________________

Mit welchen Menschen geben Sie sich ab

Haben Sie sich darüber schon einmal Gedanken gemacht, wie Sie da unterwegs sind? Die meisten lassen sich nur treiben und sind völlig erstaunt, wenn dabei häufig unschöne Dinge herauskommen. Das tut Ihnen nicht gut, behindert Sie auf Ihrem Weg zum Erfolg. Wir müssen genau hinschauen, mit welchen Typen wir uns abgeben. Wenn wir nicht aufpassen, fallen wir schnell mal zwischen Tisch und Stuhl herunter. Möchten Sie, dass dies weiterhin mit Ihnen passiert?

Sind das positive oder negative Menschen

Das ist die Frage und da erhalte ich meistens als Antwort „Kommt darauf an!“ Das halte ich für sehr bedenklich, so durchs Leben zu gehen. Auf was kommt es denn an? Auf das Wetter, die Stimmung, auf den Zustand, auf die Umstände? Sie sehen, das könnten wir jetzt hier x-beliebig weiter ausdehnen. Da würde es kein Ende geben und darum lassen wir es sofort wieder. Sie sollten sich da wirklich viele Gedanken machen und dann darauf eingehen. Respektive sich darauf einlassen, sonst überlassen Sie zu viel dem Zufall und Zufälle sind nicht optimal.

Ich mag erfolgreiche Menschen, die viel bewegen

Denn diese haben eine völlig andere Einstellung zum Leben und sind auch um einiges taffer unterwegs. Es ist das, was uns supergut tut. Sind wir aber nur von Menschen umgeben, die schlecht und negativ gestimmt sind, dürfen wir nicht erstaunt sein, wenn es uns innerhalb kürzester Zeit genauso ergeht. Da sind wir buchstäblich selbst an dem hausgemachten Elend schuld.

Sie alleine sind für sich verantwortlich

Sie können nicht anderen Menschen die Schuld geben. Das tut man erstens nicht und zweitens schwächen Sie sich mit dieser Art unnötig selbst. Brauchen Sie das, müssen Sie sich das wirklich geben? Ich kann es mir nicht vorstellen und darum lassen wir es einfach. Wir gehen den berühmten Königsweg, denn dort fühlen wir uns vollends wohl und genau das sollten wir auch tun. Denn wer anderen die Schuld gibt, gibt ihnen die Macht über sein Leben. Meinen Sie, das ist besonders klug? Nicht wirklich oder?

Man kann doch Menschen nicht abwerten

Das höre ich immer wieder, dabei hat das nichts mit Abwertung zu tun. Es geht nur um eine Selektierung für sich selbst. Wenn Sie ehrlich sind, wissen Sie das auch. Denken Sie da an die Eltern, die oft sagen „Der und der, das ist kein Umgang für dich." Dann sehen sie das einfach aus einer anderen Perspektive. Jetzt sind wir natürlich erwachsen und lassen uns nichts mehr sagen. Das ist gut so, damit sind wir aber zugleich für uns selbst verantwortlich und dies sollten wir dann auch tun und danach leben. Wenn wir das nicht machen, sind wir schnell der Spielball irgendwelcher Mächte, die wir nicht in der Hand halten. Möchten Sie, dass andere Menschen mit Ihnen spielen? Ich auf gar keinen Fall und so halte ich das Zepter selbst in meiner Hand.

Es gibt so viele Menschen auf dieser Welt

Da werden Sie die passenden Leute für sich finden. Wichtig ist genau zu wissen, was sie möchten und was nicht mehr. Das ist der erste Schritt, auf dem Weg in eine wundervolle Zukunft. Darauf kann super aufgebaut werden. Es ist wie beim Hausbau, Stein auf Stein, und es wird nach und nach ein Prachtbau. Ich liebe es, so unterwegs zu sein und nie mehr davon loszulassen. Wieso sollte ich es auch tun, wenn es den anderen genialen Weg gibt. Wir anfangen, nach unseren Richtlinien zu leben, geht es uns um Welten besser. Leben Sie Ihr Leben, und Sie sind auf der Siegerseite.

Wann fangen Sie damit an

Es gibt auch für Sie nur einen richtigen Zeitpunkt, der ist genau in diesem Moment, wenn Sie die Zeile lesen. Verschieben Sie es bitte nicht mehr, denn wenn Sie das tun, verhauen Sie sich sofort Ihre Lebenszeit. Sie haben kein ewiges Leben, das muss Ihnen bewusst sein. Worauf wollen Sie warten? Es gibt Menschen, deren Zeit mit uns abgelaufen ist. Dem gibt es nichts mehr hinzuzufügen. Auch wenn es im Moment etwas Schmerzen bereiten könnte, ziehen Sie es durch. Danach geht es Ihnen sehr gut und Sie können es rückblickend nicht fassen, dass Sie derart herumgetrödelt haben. Leider merkt man das aber immer erst im Nachhinein.

Frage ist, wohin Ihre Reise gehen soll

Das ist letztlich sogar die alles entscheidende Frage, denn davon hängt es ab, mit welchen Menschen Sie sich abgeben und wie es mit ihnen läuft. Letztlich eine spannende Geschichte, die einem wunderschön von einem Sieg zum nächsten trägt. Das brauchen wir unbedingt. Sonst drehen wir uns nur im Kreise und das erfordert unendlich viel Geduld. Ob das dann wirklich so gut ist, mag ich bezweifeln. Mir ist es lieber, taff unterwegs zu sein und viel zu bewegen. Mit den richtigen Menschen auf Reisen zu sein, das schafft ein völlig neues und spannendes Leben.

Lassen Sie uns erneut in die Schriftlichkeit gehen

Mit welchen Menschen geben Sie sich ab und wieso ist das so? Dies ist die wichtigste aller Fragen, wieso wir etwas tun. Wenn wir das nicht beantworten können, sind wir buchstäblich verloren. Und zu den Verlierern gehören wollen wir doch nicht. Mögen Sie das, ich kann es mir kaum vorstellen. Sie sind ein Gewinner und Sie waren schon immer ein Gewinner. Lassen Sie uns doch in diesem Gewinnertum weiter leben. Ich für meinen Teil bin unendlich dankbar, dies bereits früh erkannt zu haben. Für mich ist es das Schönste, als Gewinner unterwegs zu sein. Gibt es eine Alternative dazu? Ich kenne keine, und das ist auch gut so. Dankbar sein für alles, so schlau zu sein und zu wissen, dass man nur in der Geduld in seinem Leben weiter kommt. Von einer Geduld in die nächste Geduld, so bauen wir uns sukzessive alles auf.

Nun lassen Sie uns starten, schreiben Sie bitte auf, mit wem Sie sich abgeben und warum das so ist. Was treibt Sie an, genau mit diesen Menschen in Kontakt zu sein und einiges zu bewegen? Je klarer Sie es wissen, desto besser läuft es dadurch. Ebenso notieren Sie dazu, seit wann dies der Fall ist. Auch das müssen wir wissen, wir brauchen die absolute Kontrolle über alles. Nur in dieser Kontrolle haben wir die Oberhand und dies ist letztlich das Wichtigste, was wir als Mensch überhaupt nur haben können.

Ich gebe mich ab mit?	**Warum?**	**Seit wann?**
1.) ____________________	______________	______________
2.) ____________________	______________	______________
3.) ____________________	______________	______________
4.) ____________________	______________	______________
5.) ____________________	______________	______________
6.) ____________________	______________	______________
7.) ____________________	______________	______________
8.) ____________________	______________	______________
9.) ____________________	______________	______________
10.) ___________________	______________	______________

Wie ist es für Sie, ist Ihnen bei dieser Aufgabe einiges bewusst geworden? Ich hoffe sehr, dass Sie sich hundertprozentig erkannt haben. Darin liegt der Segen verborgen, sich permanent wieder zu erkennen. Das schafft eine neue und großartigere Welt für uns alle. Wie heißt es doch so schön?

„Zum Wohle aller!"

Wenn wir anfangen, das richtig zu betrachten, sind wir auf der Gewinnerseite. Nur was aus uns heraus zum Wohle aller Menschen passiert, ist zum großen Segen für alles. Das gilt es zunächst zu verstehen, denn wenn man damit das erste Mal konfrontiert wird, glaubt man zuerst, im falschen Film zu sein. Nach dem Prinzip von „Wieso sollte ich anderen Menschen etwas Gutes tun, was tun diese denn für mich?"

Man hat dann häufig das Gefühl, dass diese nur sehr wenig für uns tun. Eigentlich gar nichts und das ist definitiv zu wenig, also lösen wir uns davon. Lösen wir uns von dem Glauben, immer sofort aus der gleichen Quelle etwas zurück zu bekommen. Manchmal kommt es dann von einer total anderen Stelle und das ist auch gut so. Hören wir auf, immer alles Auge um Auge, Zahn um Zahn bemessen zu wollen, das ist dumm und töricht. Das wollen wir nie wieder, wir wollen in Freiheit leben und gute Dinge tun.

Schauen Sie jetzt Ihre Freunde und Mitmenschen an, mit denen Sie sich den lieben langen Tag abgeben. Was haben Sie dabei für ein Gefühl? Geht es Ihnen gut oder beschleicht Sie womöglich ein komisches Gefühl? Als ich es damals gemacht habe, wurde mir klar, dass ich einiges ändern darf und schlussendlich auch muss. Einige Mitmenschen haben mir nicht gut getan. Manches konnte ich gleich lösen und anderes hat noch etwas gedauert. Da durfte ich mich dann in Geduld üben, ich habe aber dabei nie das Ziel aus den Augen verloren und dadurch doch noch gewonnen. Genau das passiert auch mit Ihnen, wenn Sie lange genug dranbleiben. Reduzieren Sie es nachfolgend auf die drei für Sie stärksten Menschen, mit denen Sie sich intensiv abgeben.

Ich gebe mich ab mit?	**Warum?**	**Seit wann?**
1.) ______________________	______________	______________
2.) ______________________	______________	______________
3.) ______________________	______________	______________

Wie ist es für Sie, nachdem Sie die drei stärksten Verbindungen aufgeschrieben haben? Geht es Ihnen gut, wird Ihnen manches bewusst? Wird Ihnen klar, wieso es in Ihrem Leben so ist, wie gerade im Moment? Es sind keine Zufälle, die dazu geführt haben, dass es so ist, wie es ist. Sie sind derjenige, der es permanent verursacht hat. Nur Sie alleine, und in dem Sie sich mit Menschen abgeben, die Ihnen nicht gut tun, einen starken Einfluss auf Sie ausüben, kommen Sie nur noch stärker in den Sumpf hinein. Werden Sie sich dessen absolut bewusst und sehen sie dies klar vor sich. Ich bin so froh, dass ich das erkennen durfte und die berühmte Reißleine gezogen habe.

Zum Glück sind Sie heute auch soweit und gehen ab sofort den ganzheitlichen und göttlichen Weg. Der Weg geht immer aus der höheren Warte heraus, er steht über allem und gibt Ihnen Kraft und Power. Das verändert Ihre Welt um ein Vielfaches und geht zügig vonstatten. Lieben Sie es und tun Sie es immer wieder aufs Neue. Nur so schaffen Sie sich endlich die Welt, in der Sie schon immer leben wollten. Die meisten Menschen träumen von einer heilen Welt, sind aber nicht bereit, den Weg dorthin zu gehen. Sie bleiben lieber in der alten Welt und beklagen sich dann bitterlich, dass sich nichts ändert.

Es liegt in Ihren Händen und in Ihrem Geiste, was Sie tun und umsetzen. Je schneller Sie das für sich verstanden haben, desto besser geht es Ihnen damit. Umso mehr Spaß haben Sie an und in Ihrem Leben. Es ist die Krönung des menschlichen Daseins, genau so zu leben. Dazu ist es aber in der Regel erforderlich, dass man sich von so manchen alten Zeitgenossen trennt und neue sucht. Jetzt reduzieren Sie es bitte auf Ihre stärkste Verbindung.

Ich gebe mich ab mit?	Warum?	Seit wann?
1.) ______________________	______________	______________

Sie haben es schon wieder geschafft, werfen Sie bitte den Kopf in den Nacken und atmen Sie tief ein und aus. Erfreuen Sie sich der Glücksgefühle, die Ihren Körper durchströmen. Wie gigantisch ist dieser Moment, der sich da gerade vor Ihnen aufbaut? Es ist ein wundervoller Traum, und der wird Sie auch nie mehr loslassen, wenn Sie daran festhalten. Jetzt haben Sie es endlich schwarz auf weiß, es liegt klar vor Ihnen und Sie können damit operieren. Nun können Sie sich in Ruhe überlegen, ob Sie mit den Menschen weiterhin in Kontakt bleiben, oder sich von ihnen verabschieden.

Ihr Fazit: ____

Ihre persönliche Erfolgsformel

Wenn wir zum Erfolg kommen möchten, es ernsthaft betreiben wollen, kommen wir nicht drum herum, mit einer Erfolgsstrategie voranzugehen und aufzuhören, alles immer dem berühmten Zufallsprinzip zu überlassen. Nur wenn wir es ernsthaft angehen, schaffen wir auch, Ergebnisse zu erzielen. Ich liebe es, von einem Erfolg zum nächsten zu wandeln. Ja, es ist buchstäblich ein Wandeln. Am Anfang mag man oft vor lauter Bäumen den Wald nicht sehen, dann geht es aber immer schneller und schneller.

Mit welcher Erfolgsformel arbeiten Sie

Haben Sie sich diese Frage bereits gestellt? Ich hoffe, denn damit geht es definitiv schneller voran. Ich möchte nie mehr darauf verzichten. Aber es hat ewig gedauert, bis ich dies gecheckt habe. Manche Dinge dauern eben um ein Vielfaches länger, vor allem dann, wenn man sich keine Hilfe von außen holt. Das ist natürlich der berühmte Königsweg. Es hilft uns schneller voranzukommen, mehr zu erreichen. Die meisten Menschen arbeiten nach dem berühmten Zufallsprinzip. Das heißt, was ihnen zufällt, nehmen sie an, dies ist aber entschieden zu wenig, denn ich muss genau wissen, wieso es zum Erfolg gekommen ist. Welche Parameter eingehalten wurden, nur so schaffen wir uns fortlaufend neue Ergebnisse und vor allem solche, die immer besser werden.

Ich habe mich viel in der Welt umgeschaut

Dadurch eine wirklich sehr gute Erfolgsformel entdeckt. Sie hilft super und ist letztlich so simpel zu handhaben, das hat mich sehr daran fasziniert. Es ist klasse, mit ihr zu leben und sie täglich anzuwenden. Genau das sollten Sie ab heute auch tun, ich darf Ihnen dadurch eines versichern, Ihr Leben wird sich schnell verändern. Es verändert sich rasend schnell zum Positiven, und das ist doch genau der Ort, wohin wir alle möchten. Ein Leben im Positiven ist definitiv lebenswerter, als im Negativen. Es braucht nicht viel, um das zu checken. Also passen wir sehr gut auf uns auf und gehen ab heute den Weg der Erfolgreichen, den berühmten Königsweg.

Sie haben mit Sicherheit die Erfolgsformel schon angewendet

Das ist bestimmt nichts Neues für Sie, es ist so in Ihrem Alltag integriert, dass Sie es womöglich nicht einmal bemerken. Da geht es Ihnen so wie den meisten Menschen auf ihrem Lebensweg. Mal geht es schneller, mal weniger schnell. Wie bereits erwähnt oft nur nach dem Zufallsprinzip, und das ist alles andere als gut. Darum heißt es permanent dagegen halten. Wir dürfen nicht mehr so unkontrolliert durch das Leben eiern. Uns muss dabei absolut bewusst sein, dass wir dadurch unendlich viel kostbare Lebenszeit zerstören, welche uns nachher bei der erfolgreichen Umsetzung der Punkte fehlt, die wir alle erreichen möchten.

Im vollen Bewusstsein zum Erfolg

Wenn Sie das im Griff haben, haben Sie ab sofort auch mehr Geduld. Dann wird Geduld zu einer Selbstverständlichkeit, auf die Sie nie mehr verzichten möchten. Immer im vollen Bewusstsein durchs Leben zu gehen und nie mehr etwas dem berühmten Zufall zu überlassen. Das macht frei und zugleich auch glücklich. Es ist der Traum per se, wir können ihn leben, wenn wir dafür offen sind. Das ist alles, wir müssen uns nur für ihn öffnen und dann fest dazu stehen. Auch dürfen wir uns nie mehr von etwas abhalten lassen. Wir verfolgen unsere Ziele, ohne nach rechts und links zu schauen. Wenn Sie das hinbekommen, haben Sie es gepackt, da kann Ihnen nichts mehr passieren.

Hier ist Ihre berühmte Erfolgsformel Z + P + T + K

Es sind häufig Buchstaben, welche die Welt nachhaltig verändern, wenn wir uns daran halten. Ich liebe diese vier Buchstaben, geben Sie mir doch täglich immense Kraft auf meinem Lebensweg in eine wundervolle und erfolgreiche Zukunft. Es gibt damit keine Grenzen mehr, weder für Sie noch für mich. Schauen wir uns die einzelnen Buchstaben näher an.

- **Z** steht für **Ziele**
- **P** steht für **Plan**
- **T** steht für **Tun**
- **K** steht für **Kontrolle**

Wenn wir das womöglich das erste Mal hören, sind wir in der Regel erstaunt, wie banal dies klingt. Was mag sich wohl dahinter verbergen? Das schauen wir uns nun genau an. Damit Sie es ab sofort auch verstehen und in Ihr Leben integrieren. Ich darf Sie dazu einladen, jetzt gut aufzupassen und Schritt für Schritt vorzugehen. Ohne auch nur einen Augenblick mit der Wimper zu zucken.

Z steht für Ziele

Ohne ein Ziel vor Augen, haben wir keine Chance, anzukommen. Wir sind wie ein Schiff auf hoher See, ohne Kapitän. Keiner der Mannschaft weiß, wohin die Reise geht, und das Schiff wird zum Spielball des Meeres. So kommen mir etliche Menschen vor. Kennen Sie das, fühlen Sie sich auch manchmal so? Die Menschen treiben oft wie ein Stück Strandgut über die Meere und werden irgendwo angeschwemmt. Nur in der Regel nicht dort, wo Sie hin möchten, das ist frustrierend. Ziele müssen daher folgende Eigenschaften aufweisen, damit es klappt und diese müssen

- klar
- konkret
- messbar
- unmissverständlich

sein. Wenn Sie das mit Ihren Zielen noch nicht schaffen, dann arbeiten Sie bitte so lange daran, bis Sie es erreicht haben.

P steht für Plan

Nach den Zielen folgt die wichtige Planung, hier möchte ich Ihnen ans Herz legen, bringen Sie Ihre Planung möglichst schnell auf den Punkt. Wenn Sie zu lange planen, haben Sie im Vorfeld bereits verloren. Bevor es richtig losgeht, sind Sie schon wieder weg vom Fenster. Sie kennen mit Sicherheit auch die berühmte Aussage „Vor lauter Planen vergaßen sie anzufangen!“ So kommen mir die meisten Menschen vor. Sie sind dermaßen in ihrer Planung verhaftet, dass sie in der Tat vergessen, endlich loszulegen. Wissen Sie, wie fatal das ist, diese Verhaltensweise an den Tag zu legen? Das Schlimmste, was einem dabei passieren kann, ist die berühmte Perfektionismusfalle. In die dürfen Sie bitte niemals mehr hineinlaufen. Denn wenn Sie da hineingeraten, kommen Sie kaum wieder heraus.

T steht für Tun

Das kleine Wörtchen „tun“ hat es in sich. Davon hängt ab, ob Sie Erfolg haben werden. Das ist alles, und je schneller Sie es verstehen, desto besser geht es voran. Das Spiel ist so simpel, wenn man es erkannt hat. Denn die berühmte Grundvoraussetzung ist, dass wir die Dinge erkennen und dann leben. „Sag mal, hast du keinen Trick für den Erfolg werde ich oft gefragt.“ Doch, den habe ich, er ist ganz einfach. Er lautet TUN, das ist alles. Dann schaut mich der Gegenüber entgeistert an, als würde ich von einem anderen Planeten kommen.

Der Fragesteller wollte doch einen Trick hören und nun erfährt er nur ein einziges Wort, das die Welt verändern soll. Genau so ist es und da hat sich schon manch einer getäuscht. Wenn man es nicht Tag für Tag tut, wird es nichts und das ist schade. Liegt doch vor unseren Füßen die großartige Welt. Alles steht uns offen, wir müssen nur bereit sein, den Weg zu gehen, und dies voller Freude und Tatendrang. Wenn wir es nicht sind, stürzen wir schneller ab, als wir denken. Alles dreht sich dann nur im Kreise und wir laufen von einer Enttäuschung in die nächste noch größere Enttäuschung hinein. Ist es das, was Sie möchten, haben Sie es sich so vorgestellt, ich glaube nicht. Darum packen Sie Ihr Leben bitte mit Begeisterung an und haben Sie fortan viel Freude daran.

K steht für Kontrolle

Ohne Kontrolle wissen Sie oft nicht einmal, wo Sie sich gerade befinden. Das ist unklug, sogar dumm, wenn Sie so auf Ihrem Lebensweg unterwegs sind, das sollte man niemals tun. Wir müssen immer die Oberhand und die berühmte Kontrolle im Griff haben. Hierzu gibt es die schöne Aussage „Sie verloren ihr Ziel aus den Augen und verdoppelten ihre Anstrengungen!" Das ist doch verrückt, wenn wir uns derart auf den Weg machen. Genau das dürfen wir niemals mehr tun, müssen immer voller Lebensfreude unterwegs sein und uns über alles freuen. Kontrollieren Sie bitte daher jeden Tag Ihren Weg.

Sie kennen es doch, wenn Sie unterwegs sind, da kontrollieren Sie auch, ob Sie auf dem richtigen Weg sind. Alles im Griff haben, welche Wegstrecke bereits hinter Ihnen liegt und welche noch vor Ihnen. Dadurch können Sie Ihre Kräfte einteilen, und wenn Sie mit dem Auto unterwegs sind, wissen Sie beim Blick auf die Tankuhr, wann es Zeit wird, zu tanken.

Jetzt wissen Sie es

Das ist immer der wichtige Punkt, dass man sich damit beschäftigt, und darauf kann man wunderbar aufbauen. Einen Schritt nach dem anderen und es wird permanent besser. Es ist wie immer im Leben der Anfang, den man finden muss. Der richtige Weg in eine wundervolle Zukunft hinein, wo man sich wohlfühlt und aus sich herausgehen kann. Ich bin dankbar für all die Möglichkeiten, die mir das Leben bietet. Es gibt nichts Schöneres, als dieses Thema weiter zu verwirklichen. Je schneller wir damit anfangen, um so stärker werden wir. Das ist wichtig, dass wir stärker und stärker werden, nicht nur unser Körper, unsere Seele sondern auch unseren Geist stählen, um Gigantisches zu bewegen.

Die meisten Menschen sind nur am Träumen

Das reicht aber nicht aus, um alles zu bewegen. Da muss noch mehr passieren und dann schaffen wir es auch. Denn Träume, die wir nie mit Leben erfüllen und verwirklichen, sind grausam. Ich bin mir hundertprozentig sicher, auch Sie hatten schon etliche solcher Momente in Ihrem Leben. Da ging es nicht vorwärts und nicht rückwärts. Es war ein absoluter Stillstand, dem Sie sich hingegeben haben. Darum halten Sie permanent voll dagegen. Das Leben ist Erfüllung, Großartigkeit und das müssen wir leben.

Wo werden Sie heute noch die Erfolgsformel anwenden

Auch hier gehen wir wieder in die Schriftlichkeit. Ich bin mir sicher, Sie haben einige Projekte, mit denen Sie längst starten wollten. Aus welchen Gründen auch immer, noch keinen Anfang gefunden haben. Damit beginnen wir heute, in dem Sie alle dringlichen Punkte festhalten. Nicht lange überlegen, sondern unverzüglich anfangen. Das ist das spannende Thema, denn nur wer anfängt, kommt auch ans Ziel. Wer nicht beginnt, verliert im Vorfeld, und dies ist genau das, was wir doch nie mehr möchten.

Schreiben Sie nun Ihre Erfolgswege auf. Achten Sie darauf, dass Sie keine Selektierung vornehmen. Nur wer anfängt, kann gewinnen. Dann notieren Sie bitte, warum Sie das möchten, es muss immer ein starkes warum geben, denn damit können wir viel anfangen. Der nächste überaus wichtige Punkt ist, wann Sie damit beginnen. Denn ohne, dass Sie sich ein klares zeitliches Ziel setzen, wird es nichts. Das wäre doch sehr frustrierend.

Meine Erfolgswege?	**Warum?**	**Wann?**
1.) ____________________	______________	______________

2.) ____________________ ____________ ____________

3.) ____________________ ____________ ____________

4.) ____________________ ____________ ____________

5.) ____________________ ____________ ____________

6.) ____________________ ____________ ____________

7.) ____________________ ____________ ____________

8.) ____________________ ____________ ____________

9.) ____________________ ____________ ____________

10.) ____________________ ____________ ____________

Wie fühlt es sich für Sie an? Ich liebe es, mich mit meinem Leben intensiv zu befassen, das tut mir gut und bringt mich voran. Stillstand ist für mich der schrecklichste Teil, den es gibt. Nur wer weitermacht, ein klares Ziel vor Augen hat, erzielt Ergebnisse, und wir alle brauchen ganz viele davon. Erfolg ist das, was automatisch folgt, während ich die wichtigen Dinge in der richtigen Reihenfolge tue. Wenn wir das verstanden haben, läuft es auch und es gibt für uns keine Limits mehr. Jetzt reduzieren Sie Ihre zehn Punkte auf die drei für Sie wichtigsten. Welche sind das und wie bauen diese sich aufeinander auf?

Meine Erfolgswege? **Warum?** **Wann?**

1.) ____________________ ____________ ____________

2.) ____________________ ____________ ____________

3.) ______________________ ______________ ______________

Wie ist es jetzt für Sie? Ich hoffe, es geht Ihnen damit sehr gut und Sie können es zu einem immer stärkeren Teil in Ihrem Leben werden lassen. Das ist so wichtig, dass wir uns mit den Sachen identifizieren. Wenn wir das tun, haben wir viel erreicht. Das verändert unser Leben massiv und wir gelangen in eine andere Dimension. Wir sehen es aus einer höheren Warte und von dort aus haben wir auch den Überblick. Den brauchen wir immer in unserem Leben. Denn er trägt uns, tut uns supergut und bringt uns Erfolg.

Haben Sie bitte den Mut, in die Aktion zu kommen und Schritt für Schritt voranzuschreiten. Leider warten die meisten zu lange auf ein Wunder. Es gibt aber nur die Wunder, welche wir selbst verursachen, sonst gibt es keine Wunder. Davon träumen zwar etliche Menschen, dass alles von selbst laufen wird. Glauben Sie mir, das ist ein Märchen, wir müssen uns da schon ein wenig mehr einsetzen. Jetzt reduzieren Sie es bitte auf Ihren Haupterfolgsweg.

Mein Haupterfolgsweg? Warum? Wann?

1.) ______________________ ______________ ______________

Sie dürfen glücklich und dankbar sein, sind solch ein großartiger Mensch. Was Sie in dieser kurzen Zeit, seit Sie das Buch in der Hand halten, schon bewegt haben, meinen vollen Respekt. Sie werden auch nicht müde, es konsequent umzusetzen. Das ist ein riesiger Vorteil auf dem Weg in Ihre Zukunft. Nichts kann Sie daran hindern, den Weg des Erfolges mit Konsequenz zu gehen. Sie sind inzwischen ein wahrer Meister Ihres Faches geworden. Tun Sie das jetzt bitte nicht als höfliches Gerede ab. Ich meine es tatsächlich so, und das ist doch klasse, dass Sie ein Teil davon sind.

Ihr Fazit: ____

Hören Sie mit dem Perfektionismus auf

Dies ist das Dümmste, was Sie sich überhaupt nur antun können. Das sollten Sie niemals mehr zulassen, denn damit schaden Sie sich selbst am meisten. Was haben Sie denn vom Perfektionismus, was bringt er Ihnen in Ihrem Leben? Er bringt Sie nicht weiter, sondern permanent in Bedrängnis. Ja, es treibt Sie förmlich in die Enge und da kommen Sie schwer wieder heraus. Wie klug ist denn das, immer wieder selbst in die Perfektionismusfalle zu laufen?

Es gibt nur einen Moment, in dem Sie definitiv perfekt sind

Wissen Sie, wann dies der Fall sein wird? Vielleicht erahnen Sie es schon, es ist bei Ihrem Ableben. Ist das sinnvoll, so lange zu warten? Ich kann es mir nicht vorstellen, da ist viel früher Einhalt zu gebieten, damit es nicht erst soweit kommen kann. Achten Sie daher darauf, bevor Sie von dieser Erde gehen, voll und ganz zu leben. Ihnen geht es dadurch besser und Sie fühlen sich freier. Ich liebe es so sehr, in Freiheit durch mein Leben zu gehen. Frei von allen Konventionen für ein wundervolles und großartiges Leben.

Perfektionismus macht krank

Das gilt es zu wissen, Menschen, die stark unter dem Drang des Perfektionismus leiden, kommen in ihrem Leben nicht sehr weit. Weil Perfektionismus einer der größten Hemmschuhe ist, die es gibt. Das tut nicht gut und da müssen wir hundertprozentig dagegen halten. Dadurch geht es einem um Welten besser und man kommt wesentlich weiter, wenn man ihn endlich ablegt. Ich war damals einer der extremen Perfektionisten, und wenn ich heute nicht aufpasse, bin ich wieder im alten Fahrwasser.

Perfektionismus ist eine lebenslange Störung

Vergessen Sie das bitte nie, denn es kann immer wieder zuschlagen. Ja, es ist der reinste Horror, dem wir uns da aussetzen, und das sollten wir lieber lassen. Ich erlebe es heute noch nach vielen Jahren, wie es mich immer wieder überkommt. Da muss ich sofort massiv gegensteuern. Ich merke jedes Mal, wenn der Perfektionismus Einzug hält, wie massiv meine Umsetzungsgeschwindigkeit nach unten geht. Das darf, kann und will ich mir auch nie wieder in dieser Art und Weise leisten. Es tut mir nicht gut und meine Projekte kommen dadurch fast zum Erliegen. Wenn es passiert, ist das fatal, und ich halte immer sofort voll dagegen. Ich hoffe, Sie können das nachvollziehen und genauso umsetzen.

Sie haben jetzt zwei Möglichkeiten, tun oder lassen

Das ist alles, was Ihnen übrig bleibt. Ich habe mir zur Maxime gemacht, dranzubleiben und nie aufzugeben. Ich mag es nicht aufzugeben und auch nicht, von vorne anfangen zu müssen. Ebenso möchte ich nicht alle Erfahrungen selbst sammeln. Wieso sollte ich das tun? Ich wäre ein riesiger Narr, würde ich das tun. Damit schade ich mir doch am meisten. Ich hoffe, Ihnen geht es genauso und Sie gehen den fröhlichen und wundervollen, leichten Weg der Erkenntnis und des Erfolges.

Perfektionismus und Ungeduld sind eine brisante Mischung

Achten Sie unbedingt darauf, dass Sie sich davon fernhalten. Vielleicht wundern Sie sich jetzt, dass ich schon wieder damit anfange. Denn wenn man nicht aufpasst, ist es zu spät. Ich kenne so viele Leute, die in ihrem Leben nicht weiter gekommen sind, weil Sie in diese Falle gelaufen sind. Eines Tages findest Du Dich im Lehnstuhl wieder, blickst auf Dein Leben zurück und darfst dann sagen

„Hätte ich doch damals nur!"

Wissen Sie, wie brutal das ist? Ich erlebe es am laufenden Band, dass die Menschen genau das sagen. Möchten Sie auch dazu gehören? Bitte nein, nie und nimmer. Das darf Ihnen nicht passieren, für Sie ist es wichtig, dass Sie sagen können

„Oh ja, ich habe mich voll und ganz gelebt, und dies zu jeder Zeit!"

Wenn Sie das hinbekommen, haben Sie gewonnen. Dann geht es Ihnen richtig gut. Leben Sie sich, dazu möchte ich Sie herzlichst einladen. Fangen Sie bitte noch heute damit an und dann gibt es für Sie buchstäblich kein Zurück mehr. Es gibt nur noch ein Vorne und ein Weiter und Weiter. Sind Sie stolz auf sich, dass Sie zu all dem fähig sind.

Perfektionismus ist nur was für Langweiler

Glauben Sie mir, es ist wirklich so, und Langweiler gibt es genug auf dieser Erde. Möchten Sie auch einer von ihnen sein? Nein, niemals, denn Langweiler kommen in ihrem Leben nicht sehr weit. Was die Welt tatsächlich braucht, sind klare Macher, Menschen die permanent viel bewegen.

„Die Welt braucht klare Macher, die etwas bewegen und damit der Menschheit viel Erfolg bringen!"

Ernst Crameri

Lesen Sie dieses Zitat immer wieder und dann leben Sie danach. Stellen Sie sich vor, um wie viel ärmer unsere Welt ohne all diese Macher wäre. Wir hätten keinen Computer und nicht das Internet. Wir würden noch im finsteren Mittelalter leben. So können wir uns vor den meisten nur tief verbeugen, die schon so viel für uns getan haben und das auch weiter tun.

Wir wurden leider mit der Nullfehlerkultur erzogen

Wie unsinnig ist denn das System? Das ist verrückt, dass wir derart durch die Welt gehen müssen. Als Kinder wurden wir förmlich darauf konditioniert, keine Fehler zu machen. Wenn wir welche gemacht haben, wurde das fett und rot ins Heft geschrieben. Wir gingen dann nach Hause und die erste Frage der Eltern war „Wie viele Fehler hast du wieder gemacht?“ Das gibt eine dermaßen schlimme Konditionierung auf Fehler, dass wir erst recht neue fabrizieren. Wir wurden dadurch sogar zu verängstigten Wesen erzogen, die nur noch darauf bedacht waren, keine Fehler zu machen. Denn Fehler bedeuten für uns immer Strafe und die mag der Mensch nicht. Er möchte Spaß haben, also setzt er alles daran, es zu erreichen, und Fehler sind das Gegenteil von Freude. Denken Sie mal darüber nach, in welchem Umfeld Sie groß geworden sind und ob Ihnen das gut getan hat? Fragen Sie sich, welche Konditionierungen Sie dadurch erfahren durften.

Machen Sie wieder viele Fehler

Dazu möchte ich Sie ermuntern, je mehr Fehler Sie machen, desto besser geht es Ihnen. Sie fühlen sich dermaßen wohl und wissen eines, jeder Fehler bringt Sie um ein Vielfaches voran. Es sind die großen Steine auf dem Weg in eine andere Dimension. Freuen Sie sich über Fehler, und wenn Sie Mitarbeiter haben, dann geben Sie ihnen auch die Chance, Fehler zu machen. Es gibt jedoch eine Einschränkung, bitte jeden Fehler nur ein Mal. Denn Fehler sind dazu da, daraus sofort zu lernen. Das ist ein Traum, meinen Sie nicht auch? Also auf geht es und ich freue mich sehr darüber, wenn Sie mir von Ihren Fehlern berichten.

Denken Sie immer daran, wer keine Fehler macht, macht nichts, bei dem herrscht geistiger Stillstand, und das dürfen Sie bitte nie mehr in Ihrem Leben zulassen. Packen Sie den Fehler wie einen Stier an den Hörnern und drehen Sie ihn aufs Kreuz. Was glauben Sie, welch wundervolle Freude das ist. Es ist ein großer Traum, dem Sie sich da hingeben, und darauf dürfen Sie sich freuen.

Schreiben Sie jetzt Ihren Perfektionismus auf

Vielleicht denken Sie in diesem Moment gerade, was das soll? Wir sollen uns ja nicht mehr mit dem Perfektionismus abgeben und machen es erst recht. Das ist erforderlich, um von dort aus mit Schwung in die neue Welt einzutreten. Wir müssen uns von der alten Welt verabschieden. Ein für alle Mal heißt es, klar Adieu zu sagen. Damit wir das auch schaffen, ist es erforderlich, da nochmals genau in die Tiefe zu gehen und uns erneut intensiv mit dem Thema zu befassen. Es ist wie bei einem Chirurg, der das Skalpell ansetzt und das Geschwür herausoperiert. Genau das machen wir nun auf geistigem Wege und danach, das werden Sie sehen, geht es Ihnen um Welten besser.

Schreiben Sie nachfolgend Ihren Perfektionismus auf und warum das so ist. Die klare Begründung, wieso etwas so ist, wie es ist. Das sind keine Zufälle, sondern wir haben uns da aus den verschiedensten Gründen hinein manövriert. Wir sind auch die Einzigen, die da wieder herauskommen können. Dazu ist es erforderlich, dass wir es zu Papier bringen, und dann schaffen wir es. Schreiben Sie bitte auch auf, seit wann dies der Fall ist. Auch da gilt, was schon lange praktiziert wird, da dauert es auch länger, bis wir es entfernt haben. Also gehen Sie sofort an die Arbeit, dann haben Sie bereits einen Anfang geschaffen.

Mein Perfektionismus?	**Warum?**	**Seit wann?**
1.) ____________________	______________	______________
2.) ____________________	______________	______________
3.) ____________________	______________	______________
4.) ____________________	______________	______________
5.) ____________________	______________	______________
6.) ____________________	______________	______________

7.) ______________________ ______________ ______________

8.) ______________________ ______________ ______________

9.) ______________________ ______________ ______________

10.) _____________________ ______________ ______________

Ich danke Ihnen, dass Sie dermaßen konsequent daran arbeiten und alle Aufgaben erfüllen. Sie sind ein besonderer Mensch, der diesen Weg hier geht. Das bringt Ihnen unendlich Kraft und wertvolle Inputs für Ihre neue Welt. Es ist ein Traum, von einer Welt in die nächste überzugehen. Das schafft immer wieder eine neue Dimension und diese brauchen wir definitiv. Freuen wir uns darüber, dass wir mitten im Prozess stehen dürfen. Wie ist jetzt Ihr Gefühl? Geht es Ihnen mit Ihren Erkenntnissen gut? Oder bereitet es Ihnen ein wenig Kopfschmerzen, all das erkennen zu müssen?

Oft ist es ein Wechselbad der Gefühle, dem wir uns da aussetzen. Ein Gefühl von Freude, es endlich erkannt zu haben, und im gleichen Atemzug auch von Schrecken, dass es so ist. Sie können es jederzeit ändern und darüber sollten Sie sich im Klaren sein. Erfreuen Sie sich daran, Dankbarkeit ist eine wichtige Tugend, um voranzukommen. Lieben Sie das, was Sie tun, aus vollstem Herzen. Lassen Sie es auch anderen Menschen zugänglich werden. Reduzieren Sie jetzt Ihre zehn Punkte auf die drei stärksten. Denn wir können niemals überall auf einmal angreifen. Wir schaffen es aber, uns auf wenige Punkte zu konzentrieren.

Mein Perfektionismus?	Warum?	Seit wann?
1.) ______________________	______________	______________
2.) ______________________	______________	______________

3.) ______________________ ______________ ______________

Wie verhält es sich nun für Sie? Wie geht es Ihnen im Moment? Was haben Sie für sich daraus gelernt? Erkennen Sie, wo der Hase begraben liegt?

„Erfolgreiche Menschen gehen immer wieder in die Selbstanalyse, in die Überprüfung ihres Lebens und danach sofort in die Veränderung!"

Ernst Crameri

Reflektieren Sie das Zitat und freuen Sie sich darüber. Es ist dringlich, dies zu erkennen und dann genauso vorzugehen. Permanent in die Selbstanalyse zu gehen und sofort mit den Erkenntnissen in die Veränderung. Das Leben ist zu wertvoll, um ewig im alten Sumpf zu dümpeln. Das brauchen Sie nicht mehr, gehen Sie vollends den berühmten Königsweg und Ihre Welt wird wundervoll. Denken Sie daran, in Ihnen ist bereits alles vorhanden. Wichtig ist nur, dass Sie endlich anfangen zu leben.

Nur Otto-Normalbürger meint, einmal gehört, einmal gesehen, einmal gelernt, reicht für alle Zeiten. Mit einer solchen Einstellung können Sie nur verlieren. Das geht so schnell, dass man sich zu den Verlierern zählen kann. Verlierer gehen auch nie in die Überprüfung, sie fühlen sich völlig okay. Da sind es immer die anderen, die dazu beigetragen haben, dass es so weit kommen musste. Das dürfen Sie für sich niemals annehmen, denn Sie sind ein Gewinner, auch wenn Sie das nun noch nicht glauben und annehmen können. Es ist aber so, sonst würden Sie nicht solche Bücher lesen und sich mit dem Thema beschäftigen. Reduzieren Sie es jetzt bitte auf Ihren Hauptfaktor des Perfektionismus.

Mein Hauptperfektionismus? Warum? Seit wann?

1.) ______________________ ______________ ______________

Wie ist es für Sie, wie fühlt es sich an, nachdem Sie es endgültig analysiert haben? Das ist doch ein gigantisches Gefühl, meinen Sie nicht auch? Es ist so erhaben, sich mit dem Thema „Selbstverwirklichung“ zu befassen. Sie dürfen sich auch nie mehr auf die Meinung der anderen verlassen. Wer sich darauf verlässt, ist echt verlassen. Denn die anderen Menschen gehen zu wenig auf uns ein, das ist aber normal. Jeder Mensch ist sich nun mal selbst der Nächste. So geht es auch Ihnen und Sie schauen darauf, dass Sie sich klug positionieren. Wenn Sie das tun, geht es Ihnen super und Sie haben damit auch eine sinnvolle Lebensaufgabe. Es inspiriert uns selbst jeden Tag wieder aufs Neue.

„Erfolgreiche Menschen haben alle eine sinnvolle Lebensaufgabe im Dienste am Mitmenschen, und damit auch automatisch an sich selbst!“

Ernst Crameri

Das verstehen leider viele Menschen nicht richtig, können es nicht aufnehmen. Wir brauchen aber alle eine sinnvolle Aufgabe, sogar eine Lebensaufgabe am Mitmenschen. Für andere Menschen da zu sein und ihnen Gutes zu tun, gibt eine automatische Rückkoppelung. So ist der Erfolg bereits vorbestimmt und das birgt ein gigantisches Glücksgefühl in sich.

Ihr Fazit: ____

Rom wurde auch nicht an einem Tag erbaut

Leider vergessen wir dies zwischendurch. Wir verfallen stets aufs Neue in Ungeduld und sind der Meinung, dass alles schnell gehen muss. Selbst wenn ein Landwirt nach der Aussaat jeden Tag auf den Acker fährt, braucht es seine Zeit. Wenn dann das erste zarte Grün zum Vorschein kommt, dauert es immer noch eine Weile. Wie sind Sie unterwegs, machen Sie es manchmal nicht ähnlich? Ich schon und der Weg bis zum Aufgeben ist dann nicht mehr weit.

Mit Geduld und Spucke läuft es

So sagt es zumindest der Volksmund und es stimmt wirklich. Ohne Geduld tut sich nichts, ich weiß, es ist ein dummes Gefühl und wir hätten es gerne anders. Aber anders geht nicht, denn wenn wir unsere Lebensgeschichte anschauen, waren wir doch ewig im Mutterleib, bis wir endlich auf die Welt kamen. Dann hat es wieder lange gedauert, bis wir endlich laufen und sprechen konnten. Danach ging es noch länger, bis wir erwachsen waren. Das sind gut 20 Jahre, die da ins Land ziehen, inkludiert Lesen, Schreiben und Rechnen, was wir auch noch gelernt haben. Bis wir einen Beruf erlernt oder studiert haben, dauerte auch seine Zeit. So beamen wir uns Stück für Stück weiter und das Einzige, was dabei flöten geht, ist unsere kostbare Lebenszeit, welche zerrinnt.

Üben Sie sich in Geduld und es geht weitaus schneller

Das möchte ich Ihnen nahe legen, wenn Sie sich endlich in Geduld üben, geht es zügiger voran. Sie haben dann auch ein wundervolles Gefühl, dem Sie sich hingeben können. Ich liebe es und dennoch muss ich häufig auf mich aufpassen. Die Enttäuschung ist durch mein unvernünftiges Verhalten fast jedes Mal gegeben, weil ich zu hohe Erwartungen habe. Das ist dermaßen dumm, so vorzugehen, davon muss ich mich endlich verabschieden.

Wir müssen in längeren Zyklen denken

Das ist die klare Grundvoraussetzung, dass wir uns anders takten. Alles braucht seine Zeit, um zu wachsen.

„Die meisten Menschen überschätzen, was sie in kurzer Zeit erreichen können, und sie unterschätzen, was sie über einen längeren Zeitraum erreichen können!"

Kommt Ihnen das bekannt vor? Ist es nicht toll beschrieben? Genau um das geht es, die Mühlen mahlen zu langsam. Daran kann man nichts ändern, alles braucht seine Zeit, und wenn ich nicht anfange, kann es auch nichts werden. Tag für Tag arbeiten wir an unseren Projekten in der Gewissheit, dass die Saat aufgehen wird. Es ist alles nur eine Frage der Zeit. Die Zeit ist für uns und das wird sie immer sein.

Bauen Sie täglich Stein auf Stein

So unsinnig, wie sich das anhören mag, es ist genau das Thema. Tag für Tag, werden Sie unermüdlich den Weg des Erfolges gehen. Wenn Sie ihn konsequent gehen, stehen Sie eines Tages vor einem wundervollen Palast und sind begeistert. Das Problem der meisten ist aber, sie sind nicht konsequent genug. Sie geben zu früh auf und sind dann erstaunt, wenn sich nichts getan hat. Merken Sie was, mit solch einer Einstellung geraten wir schnell in einen üblen Teufelskreis hinein, der uns nicht guttut.

Schreiben Sie nun bitte auf, an welchen Projekten Sie arbeiten

Auch hier gehen wir erneut in die Tiefe und analysieren unseren Weg. Über die Analyse kommen wir zu mehr Einsichten, was unser Leben anbelangt, und darauf können wir gezielt aufbauen. Step by step geht es permanent nach oben, auf der berühmten Erfolgsleiter. Das ist solch ein wundervolles Gefühl, dem wir uns da aussetzen können. Sind Sie ehrlich, wie fühlt sich das an, an welchen Projekten arbeiten Sie gerade aktuell und welche haben Sie liegen lassen? Eines ist sehr spannend, durch diese Arbeit werden oft alte Projekte wieder ins Leben gerufen.

„Erfolgreiche Menschen wissen eines, es ist nie zu spät anzufangen, und sie tun es auch immer aufs Neue!"

Ernst Crameri

Lesen Sie das Zitat gut durch und danach nehmen Sie es mit in Ihr Leben. Das ist der Punkt, Erfolgreiche beginnen immer wieder neu und freuen sich über alles. Erfolglose sind stets der Meinung, dass alles zu spät ist. Traurig, wenn man so durch die Welt geht, das tut nicht gut, kostet zu viel unnötige Zeit und Kraft.

Schreiben Sie nun all Ihre Projekte auf, warum Sie damit angefangen und zurzeit oder seit Längerem aufgegeben haben. Das sind wichtige Fragen, auf dem Weg zum großen Erfolg. Dann schreiben Sie auf, seit wann Sie sich mit diesem Projekt befassen. Das ist ein dringlicher Punkt, um zu sehen, wie weit man schon gekommen ist oder was noch fehlt. Oft ist es eine Kleinigkeit, und wir haben nur zu früh aufgegeben. Heute haben Sie die Chance, wieder da anzuknüpfen und weiterzumachen.

Meine Projekte?	**Warum?**	**Seit wann?**
1.) ______________________	______________	______________
2.) ______________________	______________	______________
3.) ______________________	______________	______________
4.) ______________________	______________	______________
5.) ______________________	______________	______________

6.) ______________________ ______________ ______________

7.) ______________________ ______________ ______________

8.) ______________________ ______________ ______________

9.) ______________________ ______________ ______________

10.) _____________________ ______________ ______________

Wie fühlt es sich an, wie geht es Ihnen? Ist Ihnen manches bewusst geworden? Als ich dies das erste Mal gemacht habe, ging es mir überhaupt nicht gut. Denn ich war der große König des Aufgebens. Wahnsinn, was ich alles angefangen hatte, und noch viel wahnsinniger, was ich nicht zu Ende geführt habe. Da muss ich sagen, wie kann man nur so unvernünftig durchs Leben marschieren? Was noch viel schlimmer ist, darauf gab und gibt es keine Antwort. Ich konnte es mir nicht erklären. Faulheit, Dummheit, Trägheit, Ignoranz? Ich denke, in meinem konkreten Fall war es ein Gemisch aus allem und hatte dazu geführt, dass ich mich lieber zu den Minimalisten gezählt habe. Stark angefangen, sehr stark sogar und dann noch weitaus stärker aufgehört.

Ich wollte mich nie mehr der Ungeduld hingeben, denn diese zerstörte mein Leben. Meine Projekte hatten in dieser Art und Weise keine Chance, in Ruhe zu wachsen und zu gedeihen. Es war ein Ding der Unmöglichkeit, es waren nicht die Umstände, die schuld waren, sondern ich persönlich. Ich und niemand anderes hatte dafür die Verantwortung zu übernehmen. Das war für mich eine gigantische Erkenntnis, auf dem Weg in die Veränderung. Denn so konnte es nicht weitergehen. Wie viel Gutes blieb dadurch auf der Strecke, so schnell konnte ich gar nicht schauen. Reduzieren Sie es jetzt auf Ihre drei stärksten Projekte, die Sie entweder aufgegeben hatten oder in denen Sie noch mittendrin stecken.

Meine Projekte?	**Warum?**	**Seit wann?**
1.) ______________________	______________	______________
2.) ______________________	______________	______________
3.) ______________________	______________	______________

Wie fühlt es sich jetzt an, geht es Ihnen gut? Die Frage, der wir uns stellen müssen. Das Leben als ein Traum oder Albtraum zu sehen? Wir haben die Wahl, auch wenn wir das nicht sehen wollen. Wir schweben irgendwo, nur nicht da, wo wir hingehören. Es ist wichtig, dass wir ins Leben zurückkommen und unsere Aufgaben mit Bravour meistern. Dazu möchte ich Sie einladen, kommen Sie zurück und legen Sie ein echtes Meisterwerk an den Tag. Wenn Sie das tun, verändert sich Ihre Welt. Sonst bleibt alles beim Alten und das ist schade. Reduzieren Sie es jetzt auf Ihr Hauptprojekt.

Mein Hauptprojekt?	**Warum?**	**Seit wann?**
1.) ______________________	______________	______________

Jetzt haben Sie es fast geschafft, welch eine Freude. Wie geht es Ihnen? Ein Wechselbad der Gefühle ist durchaus möglich. Frage ist, wie gehen wir damit um und was bringt es uns? Ich wünsche mir nur Frieden und Harmonie. Es gibt nichts Schlimmeres, als das berühmte Wechselbad der Gefühle. Das ist Stress ohne Ende und genau den gilt es zu vermeiden. Das schaffen wir aber nur, wenn wir konsequent dran bleiben und uns durch nichts beirren lassen.

Ihr Fazit: ____

Die längste Reise beginnt mit dem ersten Schritt

Den Spruch kennen Sie mit Sicherheit auch, und wie handhaben Sie es? Was machen Sie daraus und wohin hat es bisher geführt? Es gibt wie immer etliche Möglichkeiten, auf die Reise zu gehen. Wichtig ist bei allem was Sie tun, dass Sie stets einen Schritt nach dem anderen setzen und niemals müde werden. Denn wenn Sie müde werden, dauert es in der Regel nicht lange und Sie hören tatsächlich auf zu laufen. Ist es das, was Sie so möchten? Ich kann es mir nicht vorstellen, und darum sollten Sie lieber darauf verzichten, nicht mehr weitergehen zu wollen.

Als Erstes ist es wichtig, wohin die Reise geht

Wenn ich mich in Bewegung setze, mache ich mir vorher Gedanken darüber, wohin meine Reise gehen soll. Es macht Spaß und bringt Lebensfreude, wenn man das für sich herausfindet. Denn es gibt zig Destinationen, die man ansteuern kann. Tausende, ja Hunderttausende Möglichkeiten. Welche wählen wir, was suchen wir aus, was liegt uns am meisten am Herzen? Hier gilt es, diese herauszufinden und sich auf den Weg zu machen. Warten Sie bitte nicht, dass es besser wird, nur weil Sie den ersten Schritt getan haben. Davon alleine tut sich noch nichts.

Wenn Sie die Zielrichtung haben, schalten Sie den Autopiloten an

Das vergessen leider die meisten, wir müssen wirklich den Autopiloten einschalten, wenn wir das Ziel kennen. Vergleichbar mit dem Navi im Auto, sobald dieses eingestellt ist, begeben wir uns auf die Reise. Das Navi hält uns konsequent auf Kurs, ich finde das faszinierend, in welcher Ruhe das Navi arbeitet. Wie es auf Stau reagiert und uns dann gleich wieder konsequent den Weg und die Strecke zeigt. Es ist in der Tat ein Traum, dies erleben zu dürfen. Ich könnte es mir heute nicht mehr vorstellen, ohne Navi zu fahren. Das wäre ein Ding der Unmöglichkeit, ein absolutes No-Go. Wenn man sich an eine Navi gewöhnt hat, läuft es wundervoll. So schalten Sie Ihren Autopiloten ein und es läuft genauso konsequent ab.

Wir müssen nur anfangen

Das ist der entscheidende Faktor, denn wenn wir nicht anfangen, kommen wir nicht voran, und das wäre schade. Denn das, was weiterläuft, ist unsere berühmte Lebensuhr. Die tickt unaufhörlich weiter. Wir haben keine Chance sie aufzuhalten, nie und nimmer. Eines Tages ist unsere kostbare Lebenszeit abgelaufen. Wir stehen davor, können nur noch den Kopf schütteln und uns in die Traurigkeit begeben. Erschüttert, feststellen zu müssen, dass die Zeit abgelaufen ist. Da liegen wir auf dem Sterbebett und blicken zurück, hoffentlich können wir wenigstens sagen, dass wir gelebt haben. Dass wir wirklich hundertprozentig gelebt haben und auf ein reichhaltiges Leben zurückschauen können. Wohl dem, der das kann, schrecklich und grausam für all die Menschen, welche das nicht von sich behaupten können.

Laufe bitte jeden Tag

Hier machen viele Menschen gravierende Fehler, anstatt täglich zu laufen, laufen sie manchmal an einem Tag einen kleinen Marathon und dann Wochen, Monate und sogar Jahre überhaupt nicht. Das ist fatal, wenn wir so unterwegs sind. Das dürfen wir nie wieder machen. Wichtig ist das Laufen wie bei einem Marathonläufer, kontinuierlich und jeden Tag auf das Neue. So schaffen wir über einen längeren Zeitraum eine recht große Strecke und können super stolz auf den zurückgelegten Weg schauen. Je schneller Sie das für sich verstehen, desto leichter wird es für Sie und Sie können sich darüber riesig erfreuen.

Welchen Weg sind Sie schon gelaufen und laufen Sie noch

Auch hier wollen wir es genau wissen, wir schauen uns explizit den Weg an, den wir bereits gelaufen sind und der noch vor uns liegt. Oftmals scheint uns der Weg unendlich fern, dass wir das Gefühl haben, es nie zu erreichen. Kennen Sie das Gefühl auch? Bestimmt, und was haben Sie dann gemacht? Möglicherweise das, was die meisten Menschen tun, aufgegeben. Sie haben sich hingesetzt und aufgegeben. Das ist verrückt, wenn wir das in dieser Art und Weise machen, dies sollten wir tunlichst lassen. Wenn wir nach vorne schauen und feststellen, dass es noch ein sehr weiter Weg ist, fangen wir erst recht an zu laufen. Dann schalten wir den berühmten Turbo ein und ab geht die Post.

Schreiben Sie jetzt auf, welche Wege Sie gehen oder bereits gegangen sind. Warum das so ist, Sie das machen, so umsetzen, was Sie davon haben und welche Position Sie nun einnehmen. Das ist wichtig zu sehen, ob Sie bereits den Weg gegangen sind oder womöglich noch mittendrin stecken. Dann kann man auch klar erkennen, welche Strecke noch vor Ihnen liegt. Oft zieht es sich und dann ist es gut, wenn wir das klar sehen können. Schreiben Sie bitte auch hier, ohne lange zu überlegen.

Meine Wege?	**Warum?**	**Position?**
1.) ____________________	______________	______________
2.) ____________________	______________	______________
3.) ____________________	______________	______________
4.) ____________________	______________	______________
5.) ____________________	______________	______________

6.) ______________________ ______________ ______________

7.) ______________________ ______________ ______________

8.) ______________________ ______________ ______________

9.) ______________________ ______________ ______________

10.) ______________________ ______________ ______________

Wie ist es für Sie, wie fühlt es sich für Sie an? Was inspiriert Sie bei der Aufgabe, was tut Ihnen dabei sehr gut? Was törnt Sie bei Ihren Feststellungen ab? Es ist nicht immer alles nur gut, dem Grund hierfür gilt es unbedingt nachzugehen. Denn je genauer wir da hinschauen, desto besser geht es uns. Danach fragen wir uns auch nach dem Warum. Warum haben wir diesen Weg gewählt, denn es gibt für alles immer einen tieferen Grund. Je mehr wir uns damit befassen, desto besser fühlen wir uns. Wir müssen genau wissen, warum wir hier auf Erden sind, warum wir das tun, was wir tun, und wohin es uns führt.

Je präziser ich es weiß, desto besser geht es mir und umso mehr Kraft kann ich dabei tanken, dies ist der wichtige Faktor dabei. Ich tanke unendliche Kraft aus meinen Aufgaben heraus. Kennen Sie das auch? Kraft aus der Handlung, das ist wie ein Dynamo, welcher sich immer schneller dreht, je schneller wir in die Pedale treten. Der Dynamo nimmt in der Regel ein sattes Geräusch an. Es läuft buchstäblich rund und das brauchen wir in der Umsetzung, auf dem Weg zum Erfolg. Jetzt reduzieren Sie es bitte auf Ihre drei stärksten Wege.

Meine Wege? **Warum?** **Position?**

1.) ______________________ ______________ ______________

2.) ______________________ ______________ ______________

3.) ______________________ ______________ ______________

Wie ist es für Sie? Vielleicht ungewohnt, diesen Weg zu gehen? Sogar unangenehm, sich permanent mit dem eigenen Wohlbefinden zu befassen. Das ist aber so wichtig, denn auf was sollten Sie sonst achten? Es gibt keine anderen Parameter für Sie. Also arbeiten wir mit denen, welche vorhanden sind, die tun uns super gut, es beflügelt uns. Reduzieren Sie es nachfolgend auf Ihren Hauptweg. Letztlich kann es für uns Menschen nur einen Hauptweg geben und an dem müssen wir förmlich festhalten. Gehen wir ihn mit äußerster Konsequenz.

Mein Hauptweg? **Warum?** **Position?**

1.) ______________________ ______________ ______________

Erneut haben Sie eine Aufgabe erledigt, ist das nicht ein Traum? Da sieht man, wie konsequent Sie die Wege gehen. Mit welcher Ruhe und Besonnenheit Sie sich von nichts, wirklich nichts aufhalten lassen. Sie sind in der Tat aus einem besonderen Holz geschnitzt, wie es treffend heißt. Das können Sie natürlich noch weiter ausbauen. In der Ruhe und in der Geduld liegt die unendliche Kraft auf Ihrem Lebensweg, alles, aber tatsächlich alles zu erreichen, und das zu jeder Zeit.

Ihr Fazit: ____

Eine Million Euro beginnt mit einem Cent

Da haben wir genau das gleiche Spiel, viele Menschen träumen davon Millionär zu sein und bringen es nicht fertig, die kleinsten Schritte zu gehen. Das ist doch verrückt, so durch die Welt zu marschieren. Ändern Sie es, gehen Sie immer den berühmten Königsweg und Ihr Leben verändert sich auf wunderbare Art und Weise. Das haben Sie sich sicherlich verdient, meinen Sie nicht auch? Ich bin davon überzeugt und ich wünsche es mir sehr, dass Sie es auch sind. Nur wenn Sie es verstehen und umsetzen, wird Ihr Leben traumhaft. Sie können dadurch auch sorgenfrei im Geldüberfluss leben.

Was ist also wichtig hierbei

Wie immer, Sie müssen sich auf den Weg machen, an sich glauben und brauchen dabei auch das nötige Werkzeug, nur dann funktioniert es. Ich liebe es, ganzheitlich unterwegs zu sein und die Dinge zu kennen. Denn ich mag es zu wissen, was ich tun muss, damit es klappt. Das ist kein Geschenk des Himmels, wie die meisten glauben. Nur wer weiß, wie es geht, schafft auch die Umsetzung und erzielt die dazu notwendigen Ergebnisse.

Ich fange an, jeden Cent zu schätzen

Das hört sich banal und unsinnig an. Wie kann man nur von einem Cent auf eine Million schließen? Ganz simpel, weil es tatsächlich so beginnt und sich dann aufbaut. Es ist ein Vorgehen Schritt für Schritt, dem wir uns da aussetzen. Ich liebe es, mich permanent weiterzubilden und viel zu lernen. Beschäftigen Sie sich intensiv mit dem Thema Geld. Machen Sie es zu Ihrem Lebensmittelpunkt, jedoch im positiven Sinne. Sie wissen doch, dass eines der Hauptwörter auf der Erde das Wort Geld ist. Jedoch nicht in einem positiven Kontext, sondern fast immer negativ besetzt, weil es hinten und vorne nicht reicht. Das ist ein schreckliches Gefühl, dem Sie sich da aussetzen. Dies dürfen Sie niemals mehr zulassen. Ändern Sie es ab heute und starten Sie durch.

Einmal im Jahr halten wir ein Geld-Seminar ab

Hier erhalten Sie von mir alles Wissenswerte, rund um das spannende Thema Geld. Wo kann ich mir zusätzliche Einkommensströme aufbauen? Wenn ich nur eine Einkommensquelle habe, ist das gefährlich. Was ist, wenn diese über Nacht versiegt? Was passiert dann mit Ihnen? Das ist grausam, dies erleben zu müssen. Deswegen ist es absolut wichtig, dass Sie die berühmten multiplen Einkommensströme Ihr Eigen nennen. Dan kann ruhig die eine oder auch andere Quelle versiegen. Das macht Ihnen nichts aus, denn Sie ruhen sanft auf Ihrem Kissen. Sie wissen genau, dass noch viele andere Quellen vorhanden sind. Das und noch vieles mehr, zeige ich Ihnen auf dem Seminar.

- Multiple Einkommensströme
- Passive Einkommensströme
- Verschiedene Währungen
- Sachwerte
- Edelmetalle
- Anlagen
- Sparstrumpf
- Geldmagnet
- Joint Venture
- Ausland

Multiple Einkommensströme

Damit sollten Sie sich unbedingt beschäftigen. Das tun alle erfolgreichen Menschen, sie haben mehrere Einkommensquellen. Nur Otto Normalbürger ist es gewohnt, eine Einzige zu haben. In der Regel ist dies der Lohn, er reicht aber nicht aus. Es ist viel zu wenig, damit kommen Sie nicht sehr weit. Noch schlimmer wird es, wenn Sie irgendwann nur Ihre kleine Rente haben. Unabhängig davon, wie alt Sie sind, kommen Sie unbedingt aus diesem Dilemma heraus. Geben Sie Vollgas und lernen Sie die wichtigen Prinzipien rund um das Thema Geld. Das wird Ihr Leben entscheidend verändern und Sie auf ein anderes Level heben.

Passive Einkommensströme

Dies ist das nächste Thema, haben Sie nur aktives Einkommen, ist das nicht gut. Damit dürfen Sie sich niemals zufrieden geben. Das ist hart, wenn Sie nur dann Geld verdienen, wenn Sie aktiv sind. Was ist, wenn Sie krank sind, einen Unfall erleiden? Dann sind Sie sofort weg vom Fenster, und das möchten Sie doch nicht oder? Sie brauchen dringend passives Einkommen und damit auch Geld, das hereinkommt, ohne dass Sie dafür arbeiten müssen. Wissen Sie, wie wichtig das ist? Es ist das Entscheidende, wer Geld durch seine Lebenszeit austauscht, kann nur verlieren. Denn unsere Lebenszeit ist ein sehr beschränktes Gut auf dieser Erde. Darum hüten Sie sich davor, es unnötig zu verbraten, gehen Sie den Königsweg und Sie gewinnen ein Vielfaches zurück.

Verschiedene Währungen

Das ist die nächste Geschichte, leben Sie niemals nur in einer Währung. Was ist, wenn diese zusammenbricht, da haben Sie ein echtes Problem. Dann ist Ihr Geld für immer zerstört, ist es das, was Sie für sich möchten? Ich kann es mir nicht vorstellen, darum lassen Sie es lieber. Haben Sie stets verschiedene Währungen im Portefeuille. Am Anfang mag Ihnen das komisch vorkommen, Sie gewöhnen sich aber schnell daran und möchten nie mehr darauf verzichten. Was ist, wenn der Euro kaputt geht? Ich weiß, es gibt Menschen, die behaupten, dass dies niemals der Fall sein wird. Davon bin ich aber mittlerweile nicht mehr überzeugt. Was ist, wenn es doch eintrifft, dann ist alles futsch. Ihr Geld ist weg und Sie können hinterher schauen. Da gibt es tatsächlich ein paar Naive, die glauben, dass Vater Staat das nicht zulassen wird, da bin ich mir nicht so sicher.

Bei dieser Denkweise kommen mir die Tränen und hören nicht mehr auf zu fließen. Ich brauche sofort eine Packung Tempos, um das in den Griff zu bekommen. Denken Sie doch nur mal daran, was vor einiger Zeit in Zypern gespielt wurde. Geschichtlich bereits schon öfters gehabt. Wieso soll es dieses Mal anders werden? Ich kann mich da leider auf nichts mehr verlassen. Das ist nicht schlimm, wenn man mit beiden Füßen auf dem Boden steht.

Sachwerte

Die nächste wichtige Sache, legen Sie unbedingt Ihr Geld in Sachwerten an. Da gibt es wundervolle Möglichkeiten und wie immer im Leben macht es eben der Mix aus. Niemals alles auf eine Karte, denn wenn diese nicht gewinnt, ist alles weg. Also immer schön verteilen und dann liegen wir buchstäblich goldrichtig und können darauf aufbauen. Was man dazu braucht, sind wieder die entsprechenden Kenntnisse, um im richtigen Moment einzusteigen und eine gute Anlage zu finden. Sachwerte überleben normalerweise immer alles, und da liegen Sie super in Ihren Investitionen. Was man natürlich für all das braucht, sind klar die richtigen Einnahmen, welche sprudeln.

Edelmetalle

Ich liebe Edelmetall, es ist etwas Schönes und Erhabenes. Leider gehen da etliche Gerüchte um, dass es keinen Sinn mehr gibt. Ich persönlich bin der Meinung, dass Gold immer ein Zahlungsmittel auf dieser Erde bleiben wird. Im Übrigen ist es auch schön, Gold in den Händen zu halten, das macht Spaß. Besitzen Sie immer verschiedene Edelmetalle als Anlage. Auch hier geht es wieder um die Verteilung des Risikos. Wenn nichts mehr geht, bin ich mir sicher, dass ich mit Gold immer noch ein Stück weiterkomme.

Anlagen

Anlagen gibt es wie Sand am Meer. Welche sind die richtigen, um das Geld nicht gleich zu vernichten? Da heißt es explizit hinzuschauen und aufzupassen, dass es passt. In acht nehmen würde ich mich vor den berühmten todsicheren Anlagen. Denn wie es der Name schon ausdrückt, sieht man ja leider oft, wo das hinführt. Darum beschäftigen Sie sich bitte intensiv mit dem Thema. Es ist auch ein Teil des Geldseminars, wir schauen jeden einzelnen Bereich an. Damit Sie einen guten Überblick haben und wissen, wie Sie vorgehen können, damit es jederzeit passt, und die Gefahr des Abrutschens gering gehalten wird.

Sparstrumpf

Der berühmte Sparstrumpf ist nach wie vor aktuell. Das wird leider oft unterschätzt. Nehmen wir noch einmal Zypern zur Hand. Sie müssen Rechnungen bezahlen, etwas zu essen kaufen und die Banken haben dichtgemacht. Das geht dann unter Umständen über Wochen, bis dahin sind Sie längstens verhungert oder pleite. Meinen Sie, das ist klug, wenn man nichts auf der Seite hat, so wie die Oma damals. Opa hat kein Geld nach Hause gebracht und sich gewundert, wieso die Oma trotzdem noch Essen kochen konnte. Das war der berühmte Sparstrumpf, den sie gehegt und gepflegt hat. Haben Sie auch einen für sich und Ihre Familie? Erschreckend ist, dass viele Familien noch nicht einmal einen Monat überleben könnten. Das ist schlimm, wenn man derart durchs Leben gehen muss. Legen Sie sich auch einen Sparstrumpf zu.

Geldmagnet

Es gibt einen wundervollen Geldmagneten und den sollten Sie permanent bei sich tragen. Das wissen leider die wenigsten Menschen, sie kennen das Gesetz der berühmten Anziehungskraft nicht. Das ist aber wichtig, dass wir damit leben. Es ist ganz simpel, wie letztlich alles in unserem Leben. Wir müssen es nur wissen und dann sofort danach leben. Je schneller wir das tun, desto reicher kommen wir da heraus. Es sind oft die kleinen Dinge im Leben, die vieles verändern. Wir müssen aber daran glauben und auch daran festhalten.

Joint Venture

Es ist von großer Wichtigkeit, dass Sie Joint Venture eingehen, das ist einer der Königswege, den Sie gehen können und auch müssen. Ohne Joint Venture wird es relativ schwierig. Übrigens, erfolgreiche Menschen sind wahre Meister dieses Programmes. Sie lieben es und haben es bis zur Meisterschaft ausgebaut. Das können Sie auch, wenn Sie die Parameter kennen und leben. Es ist wie immer im Leben, gewusst wie und dann läuft es auf wunderbare Art und Weise. Sie müssen nur am richtigen Hebel sitzen und dann klappt es, dass Sie nie wieder darauf verzichten möchten.

Ausland

Das eigene Land ist schön und wichtig, das Ausland ist aber auch nicht zu unterschätzen. Was ist, wenn es heute bei uns rund geht, zum Krieg kommt? Was wir natürlich niemals hoffen, es ist jedoch näher als wir denken, und was ist dann? Da sind Sie womöglich im eigenen Land gefangen. Wie gut, wenn Sie bevor es richtig losgeht, schnell Ihre sieben Sachen respektive das Nötigste packen und verschwinden können. Das ist ein schönes und beruhigendes Gefühl. Denken Sie bitte mal darüber nach. Wenn man die Welt anschaut, kann es einem manchmal Angst und Bange werden.

Jetzt haben Sie einen kleinen Einblick in den Inhalt des Seminars

Ich denke, ein solches Seminar ist ein absolutes Muss und gehört normalerweise zum Pflichtprogramm jedes Menschen. Es reicht nicht, sich nur auf die Banker und den Staat zu verlassen, denn wer sich verlässt, ist ganz schnell verlassen. Besser wäre es natürlich, das Ganze würde schon in der Schule gelehrt werden. Allerdings haben die Lehrer in der Regel genauso viel oder wenig Ahnung, wie alle anderen auch. Folglich heißt es dann eben, sich als

Erwachsener und Volljähriger selbst mit dem Thema zu befassen, damit man über die Materie genauestens Bescheid weiß.

Schauen wir uns jetzt Ihre Situation an

Welche Einstellung haben Sie zum Geld, wie gehen Sie mit Geld um? Der Volksmund sagt „Über Geld spricht man nicht!“ Das ist töricht, eine solche Einstellung zu haben. Natürlich spricht man über Geld, man beschäftigt sich mit Geld und achtet darauf, wie man das Geld vermehren kann. Das sollte ab heute Ihre oberste Aufgabe sein. Auch wenn sich jetzt vielleicht einiges in Ihnen dagegen sträubt. Lassen Sie es bitte nicht aufkommen und handeln Sie sofort dagegen. Dadurch erreichen Sie viel mehr und kommen endlich in den Fluss des Geldes hinein. Da gehören Sie nämlich hin, es geht Ihnen viel besser und Sie spüren Sicherheit in sich.

Schreiben Sie jetzt bitte ausführlich auf, wie Sie zum Geld stehen und warum das so ist? Es gibt ja für alles immer einen Grund, oft ist es auch die Macht der Gewohnheiten. Es sind Überlieferungen, die wir von den Eltern mitgenommen haben. Einen Teil trägt auch unser Umfeld mit dazu bei und so baut es sich aufeinander auf. Dadurch kommt es zur berühmten Konditionierung und Sie sind heute genau das Produkt dieser Summe. Nur durch Ehrlichkeit haben Sie für sich einen klaren Status quo, den es braucht.

Mein Thema Geld?	**Warum?**	**Seit wann?**
1.) ____________________	______________	______________
2.) ____________________	______________	______________
3.) ____________________	______________	______________
4.) ____________________	______________	______________

5.) ______________________ ______________ ______________

6.) ______________________ ______________ ______________

7.) ______________________ ______________ ______________

8.) ______________________ ______________ ______________

9.) ______________________ ______________ ______________

10.) _____________________ ______________ ______________

Wie ist es für Sie, wie fühlt es sich an? Das ist doch ein Wahnsinnsgefühl? Da hat man seit Jahren, vielleicht seit Jahrzehnten eine komische Einstellung und sabotiert dadurch seinen Erfolg. So ist eben nur der Mensch unterwegs, das ist seine Handschrift. Und was bringt es, wo führt das hin? Das ist doch heftig, was dadurch passiert, ist alles andere als gut und darum sind Sie so froh, dass es heute soweit ist und Sie den Tatsachen ins Auge schauen. Wenn Sie wissen, wohin die Reise führt, können Sie auch mit der nötigen Sorgfalt und Geduld ans Werk gehen. Dann wissen Sie eines, dass Ihre Saat aufgehen wird. Sie brauchen sich darüber überhaupt keine Gedanken zu machen. Das ist doch ein Traum und genau den können Sie ab heute für sich leben. Jetzt reduzieren Sie es bitte auf die drei für Sie stärksten Faktoren.

Mein Thema Geld?	**Warum?**	**Seit wann?**
1.) ______________________	______________	______________
2.) ______________________	______________	______________
3.) ______________________	______________	______________

Schon wieder sind Sie einen Schritt weiter. Jeden Tag geht es weiter mit Ihnen. Ich liebe es so sehr, auf diese Weise unterwegs zu sein. Schritt für Schritt nähern Sie sich Ihrem Vermögen. Das ist das Großartigste, was man sich als Mensch wünschen kann. Wenn man den Weg konsequent geht, gibt es auch kein zurück. Alles baut aufeinander auf und das bringt unendliche Freude mit sich. Es ist das Leben per se und Sie sind mitten in Ihrem Leben. Um das geht es, nicht mehr neben sich zu leben oder von anderen gelebt zu werden. Sie leben nur noch Ihr eigenes Leben und bauen sich Ihr Vermögen auf. Das haben Sie auch verdient, denn im Wort verdienen steht ganz klar das Dienen. Wer dazu bereit ist, dem steht die Welt vollkommen offen. Reduzieren Sie es jetzt bitte auf Ihren Hauptpunkt.

Mein Haupthema Geld?	Warum?	Seit wann?
1.) ______________________	______________	______________

Sie sind genial, spüren Sie, wie gut und clever Sie unterwegs sind? Haben Sie ab sofort immer eine sehr hohe Meinung von sich. Das ist ein wichtiger Faktor, dass Sie stets gut und edel von sich denken. Das machen leider die wenigsten und sind erstaunt, wenn es nicht richtig vorangeht. Sich nur alles im Kreise dreht, dies dürfen Sie nie mehr zulassen. Sie sind ein Macher Ihres Lebens und das verfolgen Sie konsequent und stets mit riesiger Freude. Nehmen Sie bitte die Lebensfreude mit in Ihr Leben auf. Denn das verändert viel, gibt Ihnen eine völlig neue und größere Lebensqualität.

Ihr Fazit: ____

Zeit, Abschied zu nehmen

Liebe Leser,

das ist eine ganz gigantische Nummer, das Werk ist vollendet und wir schreiten zu den letzten Zeilen.

Das ist für mich jedes Mal ein nahezu unbeschreibliches Gefühl. Viele viele Wochen und Monate saß ich an dem Buch. Tag für Tag habe ich Buchstabe an Buchstabe gereiht und dann stehen urplötzlich die letzten Buchstaben an.

Dies jagt mir jedes Mal einen Schauer über meinen Rücken. Denn der Anfang ist immer komisch, du stehst da, hast ein weißes Feld und dann geht es langsam los. Du hast dann gerade mal die erste Seite geschrieben und denkst daran, wie viele Seiten du noch füllen darfst. Da kommt oft das Gefühl auf, dass du es nicht schaffen wirst. Alles ist noch so weit weg von dir, wie die Erde zum Mars.

Du weißt aber eines, wenn du jeden Tag deinem Handwerk nachgehst, täglich Buchstabe an Buchstabe reihst, dann wird es. In diesem unerschütterlichen Glauben fängst du an, und plötzlich hast du bereits fünf Seiten. Dann zehn, fünfzig und jedes Mal der magische Moment, wenn du die 100-Seiten-Marke überschreitest. Ab diesem Zeitpunkt geht es in der Regel ganz schnell.

Ich möchte mich herzlichst für die wundervolle Zeit, die Sie mir geschenkt haben bedanken. Für die unzähligen Stunden, die Sie mich in dem Buch begleitet haben. Das ist ein wundervolles Gefühl, für Sie da sein zu dürfen. Ich liebe es, Ihnen wertvolle Inputs liefern zu können. Alles Erkenntnisse, die Ihnen helfen, noch besser und leichter durchs Leben zu gehen. Das haben Sie sich verdient. Davon bin ich absolut überzeugt und ich hoffe sehr, dass auch Sie felsenfest daran und an sich glauben, dies wünsche ich mir von ganzem Herzen.

Jetzt liegt es an Ihnen, was Sie gelesen haben, auch in die Praxis umzusetzen. Was, wie und in welcher Form, das dürfen Sie entscheiden. Wenn es klemmt, Sie merken, dass Sie nicht weiterkommen, dann melden Sie sich bitte. Gerne stehen wir Ihnen mit Erfolgscoaching zur Seite. Denn manchmal schafft man es nicht alleine. Das ist nicht schlimm, wir holen uns doch sonst auch immer wieder Hilfe, wenn es in unserem Leben irgendwo klemmt. Das ist keine Schande, sondern ein klares Zeichen von Stärke.

Einmal im Jahr führe ich auch ein Seminar durch, darauf können Sie sich jetzt schon sehr freuen. Dabei geht es um nichts anderes, als das spannende Thema Ungeduld. Dort erhalten Sie noch weitere sehr wertvolle Inputs.

Jetzt bleibt mir nur noch eines übrig, Sie im Geiste zu umarmen, Ihnen alles alles Liebe auf Ihrem Lebensweg zu wünschen. Dies mit einem weinenden und einem lachenden Auge.

Mit einem weinenden Auge, weil es ist jetzt gleich zu Ende ist, die letzten Zeilen fließen aus meinen Händen in die Tastatur. Und mit einem lachenden Auge, weil ich eines weiß, Erfolgreiche sehen sich wieder.

Herzlichst

Ihr Ernst Crameri

Meine und unsere Dienstleistungen

Da ich der Meinung bin, dass das Leben spannend und aufregend ist, habe ich mich nie mit einer einzigen Sache begnügt. Ich wollte immer wesentlich mehr tun und haben. Ein Mensch hat unendliche Fähigkeiten, darum gilt die Theorie von „Schuster bleib bei Deinen Leisten“ schon lange nicht mehr. Vergessen Sie das, und man den erlernten Beruf beibehalten sollte, ist auch ein Ammenmärchen. Das Leben ist vielseitig und spannend, wenn wir etwas daraus machen. Deshalb freue ich mich sehr, Ihnen die verschiedensten Dienstleistungen vorzustellen. Gemeinsam mit meinem Team ist es unser Anliegen, Sie in Ihrer Weiterentwicklung zu unterstützen, Sie zu verwöhnen und dazu beizutragen, dass Sie ein wundervolles Leben auf Erden führen können.

Hier die Dienstleistungen nach alphabetischer Reihenfolge
Wählen Sie aus dem großen Leistungsspektrum und fragen Sie nach den Konditionen. Gerne sind wir für Sie da und beantworten Ihnen alle Fragen, denn glückliche und begeisterte Kunden sind unser Ziel.

- Bücher
- Einzelbehandlungen (Fitness/Wellness/Schönheit)
- Erfolgsproduzent und –coachings
- Events
- Hoteltesting
- Hörbücher
- Mystery X Tests
- Naturkosmetik-Produkte
- Privat-Jet
- Reisen

- Seminare
- Vorträge

Bücher schreiben

Sie erhalten von uns Bücher, zu den verschiedensten Themen, rund um das Leben. Ebenso bieten wir Ihnen das Ghostwriting an. Das heißt, wir schreiben mit Ihnen und für Sie Ihr Buch. Ganz wichtig für Unternehmer, denn ein eigenes Buch schafft eine wunderbare Reputation. Wenn Sie ein neues Produkt auf den Markt bringen, ist es ideal, wenn Sie das passende Buch dazu anbieten. Als Fachmann zeigen Sie durch ein eigenes Buch eine hohe soziale Kompetenz.

Unsere Kunden, die sich von der Masse der Mitbewerber abheben wollen und damit einen anderen Nimbus erhalten. **Ärzte,** die ihre spezielle Behandlung publizieren. **Hotels,** die über ihr Haus mit besonderen Eigenheiten berichten. **IT-Firmen,** die etwas Neues entwickelt haben, weitere Firmen, quer durch alle Branchen und natürlich Privatpersonen.

Wieso Ernst Crameri: Weil er zurzeit bereits 67 Bücher geschrieben hat und weitere folgen. Weil er weiß, wie es in der Branche abgeht, welche besonderen Kenntnisse erforderlich sind, ein Buch zu schreiben und zum Erfolg zu bringen.

Einzelbehandlungen (Fitness/Wellness/Schönheit)

Wir leben nur ein Mal und unseren Körper nennt man auch den Tempel, in dem die Seele und der Geist wohnt. Damit der Organismus lange auf einem hohen Level funktioniert, ist es dringlich, dass wir ihn pflegen, für ihn da sind. Bei uns erhalten Sie Behandlungen von Kopf bis Fuß. Von intensiver Massage, über fernöstliche Behandlungen und den verschiedensten Spezialanwendungen. Näheres auf der Webseite www.wellness-einzelbehandlungen.de.

Unsere Kunden sind Menschen, die mehr für sich tun wollen. Den

Zeitgeist klar erkannt haben, wie wichtig es ist, dass man sich behandeln und pflegen lässt. Vom jungen Menschen, bis hin ins höchste Alter hinein. Männer wie Frauen, die sich verwöhnen lassen.

Wieso Ernst Crameri: Weil er aufgrund der 40-jährigen Erfahrung einen riesigen Fundus an Wissen und Können mitbringt. Durch die Hotelberatungen und -tests weiß er auch, wie es läuft. Ein qualifiziertes Team an Behandlern wartet auf Sie.

Erfolgsproduzent – und coachings

Als Erfolgreicher ist eines wichtig, das Erfolgswissen weiter zu vermitteln und anderen Menschen zu helfen, zum Erfolg zu gelangen. Das ist in jeder Hinsicht eine wundervolle Aufgabe. Es gibt verschiedene Arten von Coachings, einmal vor Ort in den Firmen, dann am Telefon. Es geht mit täglichen und wöchentlichen Coachings los. Wenn eine Veränderung stattfinden soll, ist es dringlich, dass man dran bleibt. Denn die alten Gewohnheiten lassen sich nicht über Nacht über Bord werfen. Es ist stets ein längerer Prozess, ein Reifeprozess, der da stattfindet.

Wer sind die Kunden, von kleinen Kindern bis hin ins höchste Alter. Es sind Menschen, welche die stärkende und beschleunigende Funktion des Coachings für ihre Entwicklung nutzen möchten oder Menschen, die Grundlegendes in ihrem Leben verändern möchten. Für die es so, wie bisher nicht mehr weiter gehen kann. Wichtig dabei ist der klare, eiserne Wille zur Veränderung. Von Einzelpersonen aus allen Schichten und Berufszweigen, bis hin zu großen Firmen.

Wieso Ernst Crameri: Weil er weiß, wie man aus Menschen Spitzenleistungen rausholt, diese mit einem Lachen und dennoch der nötigen Ernsthaftigkeit zum Erfolg führt. Erfolg ist kein Zufall, sondern planbar.

Events

Wir organisieren große Events, für die verschiedensten Veranstalter. Dabei übernehmen wir die komplette Dienstleistung der Lokationssuche, bis hin zum Catering und kompletten Handling, damit die Veranstaltung reibungslos abläuft. Unsere Erfahrung beruht auf der Organisation von vielen eigenen, wie auch Kunden-Events in der gesamten Welt. Viele Firmen vertrauen uns und lassen für ihre besten Mitarbeiter Incentives ausrichten.

Wer sind unsere Kunden, Firmen und Seminarveranstalter, die das Handling einem Profi überlassen. Genauso wie Einzelpersonen, die ein außergewöhnliches Fest, wie zum Beispiel Hochzeit, Geburtstag oder sonstige Festivitäten ausrichten.

Wieso Ernst Crameri: Events zu organisieren erfordert einen riesigen logistischen Aufwand, es sind viele Parameter, die zusammen spielen, damit es reibungslos über die Bühne geht. Ein qualifiziertes Team steht Ihnen mit Ernst Crameri während der Veranstaltung vor Ort zur Verfügung und managt den gesamten Ablauf.

Hotel- und Schiffstesting

Es gibt viele Hotels und auch Schiffe, die leider manchmal noch nicht ihre Performance erreicht haben. Sehr oft stimmt die Hardware komplett, jedoch die Software passt nicht. Beim Team, angefangen von der Direktion bis hin in die einzelnen Abteilungen, da klemmt es oft.

Wer sind unsere Kunden, von kleinen Hotels und Schiffen, bis hin zu großen Hotelketten und Reedereien. Alle Dienstleister, die bereit sind, eine höhere Wertschätzung den Kunden, den Gästen gegenüber aufzubringen und das Gastdasein auch entsprechend zelebrieren.

Wieso Ernst Crameri: Weil er 80% seiner Zeit on the way ist und dies fast immer in Hotels. Das hat ihn dazu bewogen, das Buch „Servicewüste Hotels" vollgepackt mit Tipps und Know-how.

Hörbücher

Hörbücher als wunderbares Instrument, für die Fort- und Weiterbildung. Ideal beim Autofahren, als sogenannte rollende Universität, um neues Wissen zu erlangen. Ebenso beim Sport und auch im Alltag einsetzbar.

Wer sind die Kunden, von der Einzelperson bis hin zu Firmen, die für ihre Mitarbeiter die Hörbücher bestellen und verschenken. Oder sogar als Pflichtprogramm für das eigene Team einsetzen. Nur wer permanent trainiert, hat Erfolg.

Wieso Ernst Crameri: Weil er mit seiner Sprache voller Begeisterung, die Leute motivieren kann. Die Sprache und Ausdrucksweise muss fesselnd sein und die Zuhörer begeistern. Es muss im Gegenüber etwas ausgelöst werden. Ein sich Wiederfinden, um in die Umsetzung zu gelangen. Umso hilfreicher, wenn es in einer Sprache geschieht, die den Menschen eigen ist, keine hochakademischen Worthülsen, sondern Kommunikation auf Augenhöhe.

Mystery X Tests

Als Kunde in Geschäfte gehen und einkaufen, den Service, die komplette Dienstleistung zu überprüfen, um nachher die positiven wie negativen Seiten mit der Geschäftsleitung und dem Team zu analysieren. Danach in die Veränderung zu gehen, durch Training vor Ort.

Wer sind die Kunden, jeder der ein Geschäft hat und auf Servicequalität und Kundenzufriedenheit großen Wert legt. Denn die heutige Konkurrenzsituation ist riesig, wenn ein Kunde nicht zufrieden ist, geht er gleich. Dies gilt es zu vermeiden, und für die Kunden stets die allerbeste Leistung zu bieten.

Wieso Ernst Crameri: Weil er die Zusammenhänge schnell erkennt und die Firmen wieder in den positiven Mehrwertbereich für die Kunden führt. Jede Firma hat sogenannte Leichen im Keller, aber auch Goldadern. Erstere gilt es zu eliminieren und die Goldadern zu bergen, um Erfolg auf der ganzen Linie zu haben.

Naturkosmetik-Produkte

Herstellung und Vertrieb der eigenen Crameri-Naturkosmetik-Produktelinie, seit fast 30 Jahren. Kein riesiges Sortiment, sondern ein straffes und hochkarätiges, für jeden Hauttyp. Spannend auch als White-Labeling, die Produkte erhalten das Etikett des Kunden und sind somit seine eigene Produktlinie.

Wer sind die Kunden, der Endverbraucher, welcher jeden Monat die Produkte für den persönlichen Bedarf bezieht. Schönheitsfarmen, Kosmetikstudios, Friseure, Masseure, Physiotherapeuten, Farb- und Stilberaterinnen, Fußpfleger, Fachgeschäfte und Hotels beziehen die Produkte. Bei White-Labeling handelt es sich um die selben Kunden.

Wieso Ernst Crameri: Weil die Crameri-Naturkosmetik GmbH seit 40 Jahren erfolgreich auf dem Markt ist, und Sie in ihr einen zuverlässigen Partner an Ihrer Seite haben. Von der Produktion bis hin zur Vermarktung.

Privat-Jet

Ein absoluter Traum, in den Privat-Jet einzusteigen und dies ohne lange Kontrollen und Warten. Die Maschine steht bereit, die Triebwerke angemacht, Sie fahren an und wenige Minuten später befindet sich der Jet bereits in der Luft. Schneller und bequemer geht es nicht.
Wer sind die Kunden, Einzelpersonen, die schnell von A nach B müssen. Skiflüge nach St Moritz, zum Autorennen nach Monte Carlo, nach Sylt und weitere spannende Flüge. Firmen, die ihre besten

Kunden oder Mitarbeiter zu einem Incentive einladen. Auch Privatpersonen, die das Besondere lieben.

Wieso Ernst Crameri: Weil die Firma seit über 29 Jahren in diesem Metier vertreten ist. Ernst Crameri ist in der Regel stets persönlich dabei und betreut die Gäste vor Ort.

Reisen

In die gesamte Welt, am meisten Kreuzfahrten auf Flussschiffen und auf den Weltmeeren. Mit wunderbaren Rahmenprogrammen, wie besonderen Ausflügen, Vorträgen und Seminaren. Ebenso exklusive 5* Hotels, auf der ganzen Welt.

Wer sind die Kunden, Einzelpersonen, die gerne auf den Events dabei sind und Firmen, die Incentivereisen für ihr Team und ihre Kunden durchführen. Die besondere Belohnung für außergewöhnliche Menschen.

Wieso Ernst Crameri: Weil er die schönsten und besten Schiffe persönlich kennt. Bei den Reisen meistens selbst dabei ist, sodass der direkte Kontakt gegeben ist. Und wenn er nicht dabei ist, gibt es perfekte Betreuung durch sein qualifiziertes Team.

Seminare

Zum Thema Erfolg und alles, was damit zusammenhängt, ganzheitliche Rhetorik, Erfolgsdenken, Geldseminare, Ausbildungen zum Beauty&Wellness-Spezialisten, Social Media und vieles mehr.

Wer sind die Kunden, Einzelpersonen, die sich fort- und weiterbilden möchten. Firmen, die ihr Team zum Training und zur Ausbildung schicken.
Wieso Ernst Crameri: Durch Tausende von Schulungen und Seminaren, Top im Training und stets auf dem Laufenden. Ferner Mitglied bei der GSA, German Speakers Assoziation. Mit großer Leidenschaft

und Begeisterung auf vielen Veranstaltungen dabei.

Vorträge

Spannende und fesselnde Vorträge vor kleinem und großem Publikum. Vorträge zu den verschiedensten Themen rund um das Thema Erfolg, Durchhaltevermögen, Zielsetzung, Lebenswerke und zum kompletten Persönlichkeitsthema.

Wer sind die Kunden, Organisationen, die ihn engagieren, Verbände, Vereine und Firmen. All jene, die Idee, Gedanken, Innovationen zulassen und die Veränderung im heutigen Zeitalter bewirken möchten. Die den Weg schaffen wollen, in eine Welt des Erfolges. Ebenso offene Seminare, die von Ernst Crameri direkt durchgeführt werden.

Wieso Ernst Crameri: Durch die brillante Sprache und Ausdrucksweise, ein fesselnder Redner, welcher das Publikum begeistert. Sein Schweizer Akzent und Humor begeistert die Zuhörer im In- und Ausland. Vorträge in Rätoromanisch, Italienisch, Französisch, Hochdeutsch und Schweizer Deutsch. Gewinner des internationalen Speaker Slam Awards.

Bei Fragen wenden Sie sich bitte direkt an

Crameri-Naturkosmetik GmbH
Mannheimerstr. 11b
67098 Bad Dürkheim
Tel. 0049-6322-5734
Fax 0049-6322-66071
E-Mail: Sekretariat info@crameri.de
Geschäftsleitung: gn@crameri.de
Website: www.crameri.de

Ein Auszug aus unseren Werken

Ein Millionär als Traumpartner

ISBN: 978-3-86689-000-8
19,80 € (D)

Fange endlich an zu leben

ISBN: 978-3-86689-001-5
19,80 € (D)

Wahrheit und Klarheit im Kosmetik- und Wellness-Institut

ISBN: 978-3-86689-002-2
19,80 € (D)

Horror - Eingewachsene Zehennägel

ISBN: 978-3-86689-003-9
19,80 € (D)

Gib niemals auf, sei kein Verlierer

ISBN: 978-3-86689-008-4
19,80 € (D)

Bist Du ein Mörder?

ISBN: 978-3-86689-004-6
19,80 € (D)

Bist Du ein Huhn oder ein Adler

ISBN: 978-3-86689-018-3
19,80 € (D)

Der unendliche Schmerz der Verlassenen

ISBN: 978-3-86689-009-1
19,80 € (D)

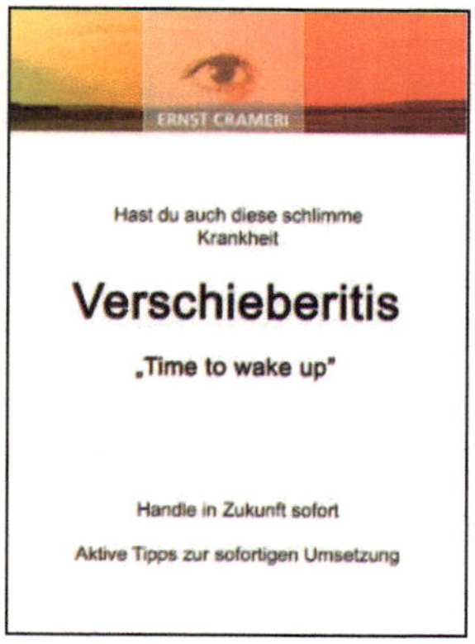

Servicewüste Hotels

ISBN: 978-3-86689-010-7
29,80 € (D)

Hast Du auch diese schlimme Krankheit – Verschieberitis

ISBN: 978-3-86689-005-3
24,80 € (D)

Wieso hast Du so wenig Durchhaltevermögen

ISBN: 978-3-86689-006-0
19,80 € (D)

Höre endlich auf zu jammern

ISBN: 978-3-86689-022-0
19,80 € (D)

Sage endlich was Du willst, damit Du das bekommst, was Du willst

ISBN: 978-3-86689-014-5
19,80 € (D)

Sprich nie mehr negativ

ISBN: 978-3-86689-013-8
19,80 € (D)

Die 20 Erfolgsverhinderer

ISBN: 978-3-86689-021-3
24,80 € (D)

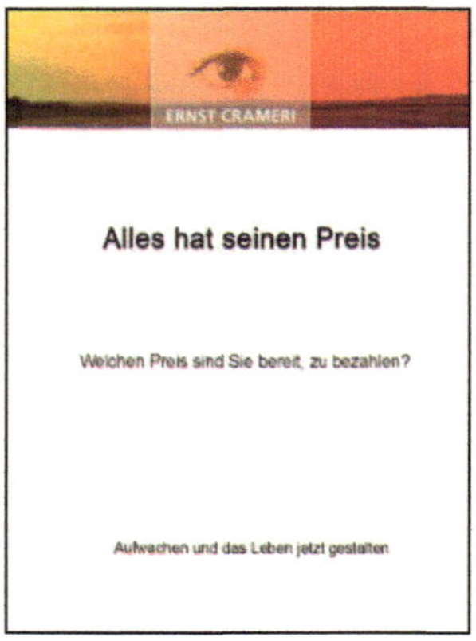

Alles hat seinen Preis

ISBN: 978-3-86689-0206
19,80 € (D)

**Lifelong learning
und Du wirst unschlagbar**

ISBN: 978-3-86689-015-2
19,80 € (D)

**Beschwerdemanagement
die Chance Fans zu gewinnen**

ISBN: 978-3-86689-025-1
19,80 € (D)

**Mit dem Erfolgsbuch
zum Erfolg**

ISBN: 978-3-86689-017-6
19,80 € (D)

**Hast Du Deine große
Lebensvision**

ISBN 978-3-86689-019-
19,80 € (D)

Vita von Ernst Crameri

Ernst Crameri erblickte im Oktober 1959 in St. Moritz (Schweiz) das Licht der Welt. Er wuchs in einem einfachen Elternhaus auf. Als kleines Kind machte er meist das Gegenteil von dem, was von ihm erwartet wurde. Im Kindergarten und der Schule ging es oft rund. Als Heranwachsender machte er jeden Streich mit, und durfte dafür an freien Nachmittagen im Sommer Rasen mähen und im Winter zum Schneeschaufeln auf dem Schulhof antreten.

Sein Traum war, ein Leben im Reichtum. Prägend waren vier Schlüsselerlebnisse. Im Winter wollte er neue Skier und einen Skipass. Sein Vater konnte nicht beides kaufen. Da ging er mittags nach der Schule in ein Kohle/Holzlager. Dort schaufelte er Kohle und stapelte Holz. Dadurch konnte er sich mit 12 Jahren einiges leisten. Dieses Gefühl der Freiheit war für ihn gigantisch. Das zweite Erlebnis war in der Schule, wenn es galt einen 2 bis 3-seitigen Aufsatz zu verfassen. Er fand das super, und so wurden es meist Werke mit über 30 Seiten. Diese Aufsätze wurden vorgelesen und prämiert.

Sein Traum war Koch zu werden und so schickte ihn sein Vater nach Lenzerheide, zu einem Cousin, der einen Hotelbetrieb führte, in die Schnupperlehre. Gleich musste er als Koch einspringen und die Schikanen nahmen täglich zu. Als er das Zimmer mit weiteren Mitarbeitern teilen musste und sein erster Lohn aus dem Zimmer gestohlen wurde, ging es den Berg runter.

Sein Vater war begeistert, dass die Verwandtschaft aus Ernst einen lebensgerechten Menschen formt, ganz nach seinem Geschmack. Die Mutter war den Tränen nahe, als ihr Sohn die Lehre aufgab. Ernst griff zur äußersten Maßnahme und legte sich beim Unterricht mit dem Rektor an. Er flog im hohen Bogen von der Schule und damit war automatisch das Thema Kochausbildung beendet. Dies war das dritte Schlüsselerlebnis.

Danach begann er in St. Moritz in einem Sportgeschäft eine Lehre als Kaufmann. Der zweite Tag, kurz vor Feierabend brachte den Durchbruch. Da kam eine südamerikanische Familie ins Geschäft. (12 Personen) Das Oberhaupt sagte einen einprägsamen Satz „We need only the best" das kannte er bisher nicht. Nach gut einer Stunde war der Einkauf beendet und Ernst durfte an der Kasse eintippen, da stand die Zahl von CHF 128.000,00. Der Chef fragte ihn „Was schaust Du so?" Er zeigte auf die Kasse und da meinte der Inhaber „Daran wirst Du Dich gewöhnen!"

Das war für ihn eine neue Welt. Kurz darauf kam der Skilehrer, der die Familie gebracht hatte, ins Geschäft und bekam CHF 12.800,00 für die Vermittlung. In dem Moment war für Ernst klar, dass er den Weg gehen wird. Nach der Lehre verließ er das Sportgeschäft. Im Winter war es klar, den Weg als Skilehrer zu gehen. Die Überbrückung war das Thema, also was tun im Sommer und so arbeitete er eine Zeit lang als Hilfsarbeiter bei einer Dachdeckerei.

Es war nicht der Traumjob, er brauchte aber Geld und damit wieder Unabhängigkeit. Der Versuch als Tennislehrer oder Golflehrer tätig zu sein, war von kurzer Dauer. Er heuerte bei einer Baufirma an. Wenige Tage später stellte ihm jemand ein Bein, obwohl niemand in seiner Nähe war und er rutschte den Hang herunter. Notarzt, Intensivstation und Therapie. Er ging ins Heilbad zur Therapie. Dort freundete er sich mit einem der Therapeuten an und fand Gefallen an dieser Arbeit.

Er ließ sich zum Masseur und Therapeuten ausbilden. Sein Traum war, auch Kosmetiker zu sein. Das war zur damaligen Zeit ein Ding der Unmöglichkeit. Die Schulen wollten von einem Mann nichts wissen. Ergo sprach er mit einer Kosmetikerin und machte mit ihr ein

Geschäft, sie bekommt regelmäßig Massagen und bildet ihn dafür zum Kosmetiker aus. Ernst war immer sehr schnell lösungsorientiert. Im Winter war er als Skilehrer tätig. Morgens vor Skibeginn, fuhr er mit seiner tragbaren Massageliege von Villa zu Villa, von Hotel zu Hotel. Danach den Tag über Skiunterricht und abends wieder Massagen und Kosmetikbehandlungen.

Danach als Discjockey, bis frühmorgens. Kurz ins Bett und dann ging es wieder von vorne los. Im Sommer besuchte er seine Gäste im In- und Ausland. Abgeholt von Privatjets, auf Jachten, in Villen. Da verliebte er sich in die Tochter eines Industrieellen. Das fand der Vater nicht so gut. Einen Tag später musste er die Villa verlassen, das war ein herber Schlag in seinem vermeintlichen Erfolgsleben.

Dadurch verstand er, dass man nur reich ist, wenn man das Geld auch selbst in den Händen hält. Als Masseur, Kosmetiker, Skilehrer und Discjockey hatte er ein vierfaches Einkommen. Entsprach aber nie dem Einkommen seiner Gäste, die ihn als Skilehrer zum Beispiel zum Mittagessen einluden. Das kostete gleich mal CHF 600,00, und wenn er als Skilehrer essen ging, waren es gerade CHF 8,00! CHF 800,00 waren sein Monatslohn, das hat ihn sehr beschäftigt.

Für den Sommer hatte er für Australien einen Vertrag als Austauschskilehrer in der Tasche. In der letzten Woche lernte er eine Frau aus Deutschland kennen, die später seine Ehefrau wurde. Er hat es nicht übers Herz gebracht, wegzufliegen und stornierte den Vertrag. Er pendelte einige Jahre zwischen Deutschland und der Schweiz hin und her. Da er nicht als Angestellter arbeiten wollte, startete er mit der Selbstständigkeit als Masseur/Kosmetiker. Um überhaupt Fuß zu fassen, lief er von Haustüre zu Haustüre und klingelte. Ab und an ließ ihn jemand herein und so baute er sich einen kleinen Kundenstamm auf. Um sich stärker zu etablieren, engagierte er sich als Dozent an der Volkshochschule, beim Hausfrauenbund, bei Vereinen/Verbänden. Dadurch gelangte es ihm schnell, sich einen soliden Kundenstamm aufzubauen.

Später kam ein Haus der Schönheit hinzu, die ersten Schönheitsfarmen, eine eigene Naturkosmetik-Produktelinie. Permanente Fort- und Weiterbildungen im In- und Ausland. Er hat in der Schweiz die Chance erhalten, als Referent und Ausbilder für Gesundheitsberufe tätig zu sein. Das machte ihm viel Spaß vor Menschen zu stehen und sie zu lehren. Immer mehr Coachings kamen dazu, Trainings, Seminare und so baute er verschiedene Geschäftszweige auf. Sein größter Wunsch ist dank ganz viel Fleiß und Durchhaltevermögen in Erfüllung gegangen, für andere Menschen da zu sein und ihnen den Weg des Erfolges zu zeigen. Mit zurzeit über 67 Büchern, circa 200 Seminartagen und unzähligen Coachings ist er für die Menschen da. Sein großes Credo **„Es gibt ein Leben vor dem Tod!"**